LA HUITIÈME CROISADE

LIBRES RÉVÉLATIONS D'UN OFFICIER D'ÉTAT-MAJOR BRITANNIQUE

TABLE DES MATIÈRES

PRÉFACE DE L'AUTEUR
LA HUITIÈME CROISADE

1ᵉʳᵉ PARTIE — LE SIONISME

CHAPITRE I. HISTOIRE DU SIONISME 11
CHAPITRE II. LE DOLLAR TOUT-PUISSANT 29
CHAPITRE III. LE DICTUM DU SIONISME 45

2ᵉᵐᵉ PARTIE — LA SAINTETÉ DES TRAITÉS

CHAPITRE IV. LES MACHINATIONS ANGLO-CHÉRIFIENNES, CONSPIRATION ET TRAITÉ SECRET 59
CHAPITRE V. LES MACHINATIONS ANGLO-CHÉRIFIENNES (suite) 79
CHAPITRE VI. LE TRAITÉ SYKES-PICOT 101
CHAPITRE VII. LA DÉCLARATION DE BALFOUR 107
CHAPITRE VIII. L'ENTENTE RÉFUTE SA PROPRE DUPLICITÉ 125

3ᵉᵐᵉ PARTIE — EXPÉRIENCES PERSONNELLES

CHAPITRE IX. LA SECONDE BATAILLE DE MEGIDDO . 153
CHAPITRE X. PARIS 1919 183

TOUS DROITS RÉSERVÉS
dont TRADUCTION © 2017

1940
MAISON INTERNATIONALE D'ÉDITIONS BERLIN W 15

30 juillet 2017
conservation et photocopie du document
LE NOBLE INCONNU

scan, ORC, mise en page
LENCULUS
pour la Librairie Excommuniée Numérique des CUrieux de Lire les USuels

PRÉFACE DE L'AUTEUR

L'**AUTEUR**, *officier supérieur anglais en retraite, possède la pleine connaissance des problèmes qu'il soumet à discussion. L'expérience acquise à un poste exceptionnel au service des Affaires étrangères ainsi qu'au Ministère de la Guerre, lui a ouvert un aperçu sérieux sur le véritable aspect de la situation en Palestine et en Orient. Cela prête un plus grand poids à ces révélations, nullement entachées d'exagération, mais toutes basées sur l'expérience personnelle résultant du contact avec les événements contemporains et d'une connaissance tirant son origine d'un examen approfondi des faits.*

L'ouvrage lui-même tend à prouver que « l'impasse » de la Palestine offre un exemple typique de ce que fait la Juiverie pour semer la division dans le monde, et que le secret de son pouvoir réside dans la déloyauté innée de ses victimes. Là où des vols se produisent, le Juif nage dans son propre élément. Le présent ouvrage retrace trait pour trait le processus compliqué soulevé en Grande-Bretagne par la nécessité de faire face à la plus grande crise de son histoire.

L'Angleterre est victime de sa propre hypocrisie et de sa propre duplicité ; victime de la politique étrangère de son gouvernement, particulièrement soucieux de détourner l'attention du public, anglais des affaires intérieures qui sont en une situation tellement désastreuse. Par son essai de perpétrer la mine chez d'autres, la Grande Bretagne a seulement réussi à faire le jeu des Juifs. L'opinion publique britannique ayant été modelée par une propagande mensongère, est devenue la plus intolérante et la plus bigote qui soit au monde. Le peuple anglais est le plus facile à gouverner et à abuser, parce qu'il est le plus facile à détourner d'un projet quelconque et de la vérité. Mais s'il a à tirer une leçon des effroyables résultats de la trahison de ses précédents alliés, les Arabes de Palestine et de Syrie, cette leçon consistera dans la découverte de la vérité exprimée par La Rochefoucauld quand il a dit : Le vrai moyen d'être trompé, c'est de se croire plus fin que les autres.

Le présent ouvrage est divisé en trois parties, dont la première traite l'histoire du Sionisme, ses origines, sa croissance, et son triomphe final au cours de la guerre en Europe et en Amérique.

La seconde partie décrit la politique européenne à la lumière du Sionisme durant et après la grande guerre, en se référant spécialement aux machinations anglo-chérifiennes, au traité Sykes-Picot et à la déclaration de Balfour.

La troisième partie comprend l'exposé des expériences personnelles de l'auteur en Syrie et en Egypte durant et après la grande guerre, ainsi qu'à la Conférence de la paix à Paris.

L'influence décisive actuelle des Juifs en Angleterre rend inopportune la publication de l'identité de l'auteur, jusqu'à ce que vienne un temps où les Anglais soient libres d'exprimer une opinion sur la menace juive contre leur propre pays sans courir le risque de la prison.

Londres, août 1939.

L'Auteur.

LA HUITIÈME CROISADE

L'*AN 1095* vit l'inauguration de la première croisade, qui se termina quatre années plus tard par la prise de Jérusalem en 1099. Au cours des deux cents années qui suivirent, six expéditions « chrétiennes » consécutives abordèrent en Palestine et luttèrent avec des succès variés pour la possession de Jérusalem, finalement abandonnée aux musulmans, quand les derniers croisés firent voile d'Antioche en 1291. 625 années plus tard, Jérusalem fut réoccupée par le corps expéditionnaire sous le commandement du général Allenby. Toutefois, en dépit des succès du début et de la campagne victorieuse d'Allenby, cette dernière invasion de la Palestine n'a pas plus rapporté à la Grande-Bretagne qu'elle ne l'a fait pour les croisés ses prédécesseurs ; mais tandis que ces derniers renoncèrent en raison de leurs campagnes abortives, ayant subi eux-mêmes des échecs sur les champs de bataille, la Grande-Bretagne a dû renoncer aux fruits de sa victoire, parce qu'un gouvernement avide et corrompu les avait hypothéqués entre les mains de ses maîtres payeurs, les Juifs. Les soldats d'Allenby ont par conséquent combattu à leur propre détriment, pour une oligarchie étrangère à laquelle ils avaient été vendus, au bénéfice de laquelle et à l'avantage matériel de laquelle la Grande-Bretagne avait sacrifié l'héritage de l'Empire.

Les motifs qui ont empêché cette huitième croisade trouvent leur origine cent années plus tôt pendant les premières dix années du XIXe siècle, mais comme cela constitue le prélude du dernier chapitre de l'histoire du Sionisme, nous y reviendrons à la fin de nos récits et nous commencerons par le commencement.

Ière PARTIE

LE SIONISME

CHAPITRE I

HISTOIRE DU SIONISME

Ses origines et sa croissance

*L*A « Communauté » juive, ordre social particulier à la Juiverie, constitue une puissance sans scrupule pour le mal, laquelle, pendant vingt siècles, a miné la civilisation dans chaque partie du globe. Libre d'influences extérieures, elle a exercé son action, en accord avec ses propres lois arbitraires, dans la méfiance et au détriment des pays sur lesquels ses membres se sont abattus.

Sous le règne d'Auguste, des conseils politiques juifs se formèrent, dissimulant sous le manteau religieux les convoitises d'une clique toute puissante. Durant le siège de Jérusalem par Vespasien, cette clique sût gagner la faveur des conquérants romains, et fut récompensée par le gouvernement impérial, qui lui conféra un mandat pour l'administration de la Palestine, en vertu duquel la clique se constitua elle-même en corps gouvernemental avec pouvoirs absolus. Ce gouvernement fut connu sous le nom de Kahal, c'est à dire Communauté ou Commonwealth.

Des immigrants juifs organisèrent les « communautés » qu'ils avaient fondées, et à la fin du deuxième siècle avant J. C. presque chaque province de l'empire romain comptait au moins une colonie juive. Ces « communautés », dont chacune représentait elle-même un Kahal en miniature, étaient affiliées au corps apparenté central dont dépendait leur existence. En vue de renforcer ce contrôle et de favoriser les intérêts juifs, le Kahal développa et perfectionna le système élaboré d'espionnage et d'insidieuse subversion tel qu'il subsiste encore, système qui explique la concentration du pouvoir et du commerce entre les mains des Juifs par-tout où ils se sont établis en nombre suffisant.

L'enseignement à la synagogue incitait les disciples à une exploitation en règle des Gentils leurs voisins ; cette doctrine, toujours populaire parmi les Juifs, s'incarne dans un manuel de lois juives extraites du Talmud et connu sous le nom de Shulchan Aruk, lequel enseigne que tous les non-Juifs sont des bêtes de somme à dépouiller de leur propriété au bénéfice des Juifs. Cette doctrine réunit la communauté vers un but commun et dans une haine commune, que le Shulchan Aruk a transmis de génération en génération.

La vie des Juifs, dans son ordre et dans sa filière, a subi peu de changement à travers les âges ; disséminés de par le monde et revendiquant l'égalité de droits avec les autres nationaux, ils sont encore les instruments de leur hiérarchie, la clique dominante, à laquelle ils paient de lourdes taxes, en échange de quoi ils reçoivent l'aide nécessaire pour exploiter le pays qui les héberge.

Vers 1771 prit naissance le mouvement en faveur de l'émancipation des Juifs, objet réalisé en France dans une large extension comme un résultat de la Révolution. Vers le même temps, l'Allemagne, l'Autriche et l'Angleterre proclamèrent la liberté politique de leurs Juifs, dont certains parvinrent à de hautes dignités dans le domaine social et administratif. Mais une fois délivrés de l'influence restrictive du ghetto, les Juifs se sentirent fatigués chez les Gentils du joug du Kahal, et comme il ne pouvait ajouter quoi que ce fût à leur bien-être matériel, ils aspirèrent à s'affranchir de sa juridiction et à pouvoir jouir sans trouble de la bonne situation nouvellement acquise. De concert entre eux, en vue de créer et de stimuler de nouveaux intérêts et de nouveaux liens entre les « communautés », les chefs juifs fondèrent un groupe dit de « Fraternité universelle », dont l'un fut « la Fraternité pour la population de la Palestine ».

Parmi les divers moyens adoptés par le Kahal pour maintenir le troupeau sous la houlette, figurait le pogrom, jamais difficile à organiser en Russie et en Pologne, où les paysans, suffisamment provoqués par fraude ou par extorsion, pouvaient généralement être poussés à des représailles en maltraitant et en mettant à mort quelques Juifs ; sur quoi des millions de leur race venaient se rallier autour de la synagogue.

Les privilèges octroyés aux Juifs par le tzar Alexandre II déterminèrent le pogrom de 1882 que suivit, selon l'usage, le cri d'« anti-sémitisme », lequel, ainsi que Herzl avait coutume de dire « rallie toujours la brebis au troupeau », cette fois à la Conférence de Kattowitz en 1884.

Là, les Juifs assimilés de l'Ouest se rencontrèrent avec leurs congénères Ashkenazi, lesquels incarnent le violent Sionisme des ghettos de l'Orient, dont le but était la création d'un État juif en Palestine, et la domination éventuelle du monde. Le groupe oriental connu sous le nom « d'Amis de Sion » était dirigé (entre autres) par Leo Pinsker, qui avait déjà publié son programme dans un livre : « Auto-Emancipation », mais qui, redoutant les autorités russes, s'abstint d'exposer ce programme dans sa pleine extension, et se borna lui-même à réclamer la Palestine pour les Juifs comme **un refuge contre la persécution**.

Toutefois, un de ses collègues, le fanatique Asher Ginzberg, poussa l'œuvre plus avant. Il propagea les aspirations nationales juives à l'est, et à partir de la fondation des « Enfants de Moïse », à Odessa en 1889, le mouvement prit un rapide essor. Entre temps, un autre Sioniste fanatique, Nathan Birnbaum, autrement dit Mathias Asher de Vienne, organisait les étudiants juifs en un corps appelé le Kadimah, ayant pour objet l'établissement d'une « nation » juive en Palestine, laquelle gouvernerait le monde tant au point de vue politique que dans le domaine économique et religieux, grâce à la puissante richesse des Juifs à la tête des affaires de chaque nation des Gentils. Les Juifs d'Occident, sans répondre tout d'abord carrément à ce nationalisme, n'en furent pas moins intrigués de cette idée ou de la domination mondiale, et en dépit de leur « assimilation » apparente, furent en tout cas gagnés à la cause de leurs congénères orientaux.

Le groupe occidental se répartissait d'une part entre les Rothschild et leurs satellites, et de l'autre entre les Juifs des États-Unis et d'Allemagne. Ces derniers, qui occupaient un rang considérable dans l'industrie allemande, émirent la prétention d'épouser la cause du développement politique et économique de ce pays, mais lorsqu'en 1896, l'Allemagne acquit la concession du chemin de fer de Bagdad, menaçant par-là d'englober la Palestine dans sa sphère d'influence politique, les chefs juifs du groupe occidental aux États-Unis et en Angleterre s'alarmèrent devant la menace contre l'acquisition projetée de la Palestine. Ils décidèrent aussitôt de contrecarrer les intérêts allemands en Orient en s'unissant au groupe oriental, lequel cependant n'accepterait aucune modification de son propre fanatique programme comme seule base d'une union. Afin de gagner le groupe occidental aux vues de celui d'Orient, un Juif « assimilé », Théodore Herzl, avait publié une paraphrase de l'« Auto-Emancipation » de Leo Pinsker, sous le titre de « l'État Juif ». Le livre de Herzl n'apportait rien d'original, mais après sa publication, les « Amis de Sion » et les étudiants de Nathan Birnbaum « Kadimah » l'adoptèrent.

Le premier Congrès Sioniste ou Congrès juif mondial fut convoqué à Bâle en 1897, et Herzl, le fondateur du Sionisme politique en fut élu président, position qu'il occupa jusqu'à sa mort, survenue en 1904. Le groupe oriental y figurant en majorité, le nom de « Sionisme » inauguré par Nathan Birnbaum en 1886 fut adopté par le Congrès, dont les buts essentiellement déclarés étaient la démocratie. Mais le groupe occidental, d'Angleterre et de France surtout, répondit froidement à l'appel de Herzl, dans la crainte de compromettre les positions lucratives et les privilèges acquis dans ces deux pays. L'union projetée fut ajournée, et les deux groupes se rallièrent séparément autour de leurs chefs respectifs, Herzl et Ginzberg.

Herzl, qui avait entamé des négociations avec les gouvernements de plusieurs nations en vue d'assurer aux Juifs un « foyer légal », et qui avait échoué dans l'obtention d'une charte permettant de trouver ce foyer en Palestine ou dans la péninsule du Sinaï, vint à Londres soumettre son projet au gouvernement britannique. Le Secrétaire des Colonies, Mr. Joseph Chamberlain, père du Premier Ministre actuel M. Neville Chamberlain, tout en sympathisant avec Herzl, mais sans posséder aucune compétence en Palestine, offrit aux Juifs un foyer en Afrique orientale. Ce projet d'un établissement autonome des Juifs en Afrique orientale fut porté (en 1903) devant le sixième Congrès sioniste, qui décida de le prendre en considération au Congrès suivant, le septième, lequel se réunit définitivement en 1905, et repoussa l'offre à une large majorité, ne voulant avoir d'autre foyer national que la Palestine. Une minorité de 150 délégués quitta le Congrès et se constitua en un corps avec le nom de I.T.O. (Organisation juive territoriale) sous la conduite d'Israël Zangwill, en ayant pour objet « l'acquisition d'un territoire autonome pour les Juifs *ne voulant pas* ou ne pouvant pas demeurer tels qu'ils sont ! »

Au mois de septembre 1929, on lisait, dans un article publié par la *Judisk Tidskrift*, sous la plume du Dr Ehrenpreis, Grand Rabbin de Suède :

« J'ai pris part au premier Congrès sioniste mondial, tenu à Bâle en 1897. Herzl, qui était la figure la plus en vue à ce Congrès, prophétisa, vingt ans avant que nous en fissions l'expérience, la révolution apportée par la grande guerre, et nous prépara pour ce qui devait arriver. Il prédit le démembrement de la Turquie et prévit le contrôle de l'Angleterre sur la Palestine... ! Nous pouvons, dit Herzl, vingt ans avant la grande guerre, attendre d'importants développements dans le monde, et ces événements offriront au peuple juif de nouvelles opportunités ».

Herzl mourut, et son parti modéré au Congrès sioniste tomba sous le contrôle de nationalistes violents, dont le chef, Ginzberg, inculqua une nouvelle doctrine et la force du fanatisme de la masse sur l'ambition juive. Ginzberg attaqua le plan de Pinsker pour l'envoi de Juifs de Russie en Palestine simplement à cause de l'avantage matériel pouvant en résulter, et insista pour que les Juifs dussent tout d'abord devenir agressivement une nation, appel direct au fanatisme, qui trouva bon accueil auprès des Juifs dans toute l'Europe. En 1911, l'associé de Ginzberg, Chaïm Weizmann et d'autres, enregistrèrent une victoire au dixième Congrès sioniste, et après le Congrès de 1913, le Sionisme tel que l'entendait Ginzberg devint une réalité que ses disciples, y compris Weizmann, Sokoloff et Jabotinsky ont victorieusement mise en œuvre dans la Palestine judaïsée. La grande guerre a seulement causé des maux au monde dans son ensemble, mais au Sionisme, elle a apporté la réalisation de ses buts immédiats.

Au début de la guerre, le Sionisme avait à Berlin son quartier général, en même temps quartier général du parti modéré, représenté par l'*Hilfsverein der dentschen Juden*, société dont les écoles, les séminaires et autres institutions en Palestine surpassaient ceux des Sionistes et de l'*Alliance Israélite Universelle* ! Le Comité d'action intérieure du Congrès sioniste, régulièrement réuni à Berlin, et traitant toutes les affaires internationales entre les Congrès, se composait de membres répartis dans divers pays de par le monde.

Au cours de la guerre, le Dr Schmaryar Levin rendit au Sionisme d'inappréciables services aux États-Unis, comme furent ceux des membres tels que Max Warburg et Hantke, demeurés à Berlin pendant la guerre. Max Warburg, frère de Paul et de Félix, associé avec ses frères et Jacob Schiff à Kuhn Lœb, et chef de la maison de banque Max Warburg & Co., de Hambourg, fut un des plénipotentiaires « allemands » à la Conférence de la paix, à Paris. Le Comité d'action intérieure opéra de Constantinople par son agent Jacobson, qui abritait sous l'aile de ses fidèles congénères l'ambassadeur des États-Unis auprès de la Sublime Porte, Son Excellence « Sir » Henry Morgenthau K. B.E. docteur en droit, Grand Officier de la Légion d'Honneur, Membre de l'Ordre grec du Saint-Sauveur.

L'autorité non moins que la raison pour la destruction de l'Europe centrale allemande étant presque exclusivement dérivées de l'article 231 du traité de Versailles, il appartient à un juge impartial de découvrir quelle autorité sur la vérité il convient d'attribuer à l'article lui-même. L'accusation part, comme on le sait, de la supposition d'après laquelle la guerre « cette plus grande des tragédies humaines fut déchaînée par le Kaiser et sa bande (!) à Potsdam, au Conseil de la Couronne du 5 juillet 1914 ».

La Commission de la paix, présidée par le Secrétaire des Affaires étrangères des États-Unis, M. Lansing, adopta sans conteste l'accusation, et la présenta comme une évidence valable de la culpabilité exclusive et incontestable de l'Allemagne, justifiant pleinement l'article 231 du traité. Cette assertion fut en outre acceptée et propagée par Poincaré et par la plupart des principaux adhérents à l'idéologie de l'Entente. Le protagoniste en chef, sinon l'initiateur de cette inexactitude défiant la logique, fut le Juif Henry Morgenthau, qui pour la rendre plus acceptable, prétendit la tenir personnellement du baron Wangenheim, ambassadeur d'Allemagne à Constantinople. La pure invention de cette histoire maintenant passée à l'état de légende, est prouvée par des documents contemporains, y compris les propres dépêches de Morgenthau à Washington, parmi lesquelles une minutieuse recherche n'a révélé aucune référence à « ce qui était peut-être la chose la plus importante dont il fût parlé à Constantinople ».

La force de cet enchaînement international sioniste de communications n'échappa pas à l'attention du gouvernement allemand, qui, au mois de juin 1915, chercha son appui en outre de celui de l'*Hilfsverein*. Les Sionistes étaient cependant trop subtils pour se commettre, alors que l'issue de la guerre restait encore suspendue dans la balance. Ils avaient en même temps besoin de conserver la confiance de l'Allemagne, de sorte qu'ils se dérobèrent à la requête du gouvernement allemand avec l'excuse ironique que « le Sionisme ne pouvait être compris dans la politique mondiale ».

En 1916 (date significative) le Sionisme transféra secrètement son « appui » des puissances centrales aux alliés et son quartier général de Berlin à Londres. De là, son influence se fit de plus en plus sentir dans les cercles politiques et financiers d'Europe et d'Amérique. Le département sioniste de transfert déploya une grande activité dans la transmission des fonds et des informations aux éléments subversifs dans tous les pays belligérants. Constantinople ayant cessé de convenir aux intrigues politiques sionistes, Jacobson l'abandonna pour Copenhague, où il installa un bureau sioniste de transmission de fonds et d'informations, principalement par l'intermédiaire de son agent Chlenov, qui circulait de-ci et de-là entre la Russie, le Danemark et l'Angleterre. Nahum Sokoloff agissait en toute liberté sur les nations alliées, pendant que Rudolf Steiner, bravant les règlements de police, faisait sans obstacle la navette entre l'Allemagne et la Grande-Bretagne.

Grâce à ces machinations sans pitié, le département de transfert établit par le monde un système de crédit servant d'instrument pour obliger les gouvernements alliés à reconnaître l'organisation sioniste comme représentante officielle du peuple juif. En 1916, la tâche principale incombant aux Sionistes fut la révolution en Russie. On sait comment leurs agents, les Bolcheviks, manifestèrent le pouvoir du Sionisme en devenant les maîtres absolus de la Russie, et tout commentaire à cet égard est inutile. Ce dramatique triomphe des méthodes implacables prêchées par Ginzberg fut pour la Juiverie et pour le Sionisme un stimulant d'une puissance toute particulière. Pendant que le Sionisme écrivait sa page d'histoire à Petrograd, ses membres n'étaient pas demeurés inactifs à Londres, devenu le centre financier de l'organisation sioniste ; car pendant que la Banque berlinoise Bleichrœder Mendelssohn continuait à soutenir les modérés, le nouveau mouvement de nationalisme agressif représenté par Ginzberg était épousé par la maison Rothschild, comme principal résultat de son association avec Chaïm Weizmann, lequel, de concert avec Nahum Sokoloff, avait établi un centre à Londres, où depuis 1914, ils avaient été d'actifs agents de la propagande sioniste.

Déjà, auparavant, le Sionisme avait eu en Angleterre l'appui de C. P. Scott, éditeur du *Manchester Guardian*, et d'Arthur Balfour, mais ne pouvait se vanter d'autres patrons de quelque importance jusqu'au jour où Chaïm Weizmann se rapprocha de Lloyd George, dont la réponse fut immédiate et pleine d'enthousiasme.

Un mémorandum fut alors présenté au Cabinet par le Secrétaire de l'Intérieur M. Herbert Samuel (aujourd'hui Lord Samuel), mémorandum constituant un chaud plaidoyer en faveur de l'annexion de la Palestine à la Grande-Bretagne, avec l'objet d'y installer de 3 à 4 millions de Juifs. Mais M. Asquith ne se montra pas favorable, impressionné qu'il était par l'idée que néanmoins dans le Cabinet britannique, des ministres n'étaient que des marionnettes d'apparat de la Juiverie, y compris le fidèle Achate d'Edgard Speyer, le Premier Ministre H. H. Asquith (dont les déclarations antisémites font un agent de diversion idéal quant aux motifs réels du Sionisme), puis les lords Gentils assimilés, Crewe and Curzon, dont le premier a épousé la petite-fille de Meyer Amschel Rothschild, tandis que le beau-père du second était le Juif millionnaire Levi Zeigler Leister, renommé même dans le *Wheat Pit* de Chicago.

Parmi les Juifs ou les pro-Juifs derrière le gouvernement, le plus puissant fut le Ministre ombré et *de facto* Chancelier de l'Echiquier, Rufus Isaacs (Lord Reading), puis viennent les conseillers privés juifs dont les noms suivent, lesquels pendant des années ont revêtu le pouvoir suprême dans le Conseil d'État intime de la nation.

Lord Rothschild.
Sir William Goschen.
Sir Alfred Moritz Mond (Lord Melchett).
Sir Edgar Speyer. Bart., ami de cœur et mentor de l'indigent, mais ambitieux Premier Ministre H. Asquith. Directeur de Speyer Bros., escompteurs d'effets de Londres et de New-York, maison dont les autres directeurs étaient :

Edward Beit von Speyer, Henry Oppenheimer, Max Bingen, James Speyer, H. Hymann et R. Isaac. Peu après l'éclatement de la guerre, Edgar Speyer émigra à New-York.

Sir Ernest Cassel, protégé du roi Edouard VII et banquier privé, dont l'agent au Caire était Harari Pacha, à la tête de l'activité financière et politique juive dans, le Levant. Sir Ernest Cassel fut l'homme de confiance du gouvernement égyptien pour le trust d'irrigation ; son unique co-associé en 1914 fut A. R. Mills (Lord. Hillingdon) de la Glynn Mills Currie & Co., banquiers,

Edwin Samuel Montagu (surnommé en réalité Samuel), Secrétaire d'État pour les Indes durant la dictature de Lloyd George.

Herbert Lewis Samuel, le fameux Ministre des Postes bien connu par le scandale Marconi, haut-commissaire en Palestine et actuellement vicomte Samuel.

Sir Harry Simon Samuel.

Quelques-uns des surnommés méritent une mention spéciale. A contester le droit de Sir Ernest Cassel et de Sir Edgar Speyer à siéger au Conseil privé de la Grande-Bretagne, un cas probant fut saisi en 1914 par Sir George Makgill, durant lequel le Lord Chef de la Justice, Rufus Isaacs, déclara que l'acte de règlement interdisant aux alliés la qualité de Conseillers privés était « implicitement rapporté » par le Premier Ministre M. Asquith à la date du 7 août 1914, donnant par-là aux Juifs un libre accès aux secrets politiques, financiers et commerciaux de la Grande-Bretagne. Le congénère de Sir Ernest, Felix Cassel, K.C.M.P. (naturalisé en 1892) fut avocat général militaire légal et chef suprême de toutes les cours martiales en Angleterre.

En ce qui regarde les trois conseillers privés cités en dernier lieu, les ubiquistes Samuel, dont l'influence politique et financière en Angleterre était et est encore à nulle autre pareille, ils étaient tous membres de la famille juive de spéculateurs de Lewis Samuel, le prêteur à gages de Liverpool, dont le fils Montagu Samuel (qui a revêtu le surnom de Montagu) était chef de la maison de banque Samuel Montagu, fief de la famille, et devenu Lord Swaythling. Il fut un des principaux adversaires du mouvement de restriction de l'immigration des étrangers indésirables en Angleterre. Il avait deux fils, Lewis Samuel Montagu, second baron Swaythling, chef de la maison Samuel Montagu & Co., une des maisons de banque internationales les plus puissantes en Angleterre, et dont la veuve Rachel, devenue Lady Swaythling, est vice-présidente de l'Union linguistique anglaise. Le second fils, Edwin Samuel Montagu fut secrétaire d'État pour les Indes.

Le Rt. Hon. Herbert Lewis Samuel, aujourd'hui vicomte Samuel, G.C.B. G.B.E. etc. fut président du Comité extraordinaire de la Chambre des Communes pour le budget national en 1917 et 1918, et président de la Société royale de statistique. Il est un des congénères jouissant auprès des Juifs d'une confiance toute particulière comme apôtre de leurs intérêts internationaux en opposition avec ceux de la Grande-Bretagne.

Le fils aîné du vicomte Samuel, l'Hon. Edwin Samuel, fut chef de district à Jérusalem et à Jaffa de 1920 à 1927, Secrétaire adjoint au gouvernement de la Palestine, de 1927 à 1930, et commissaire adjoint de district à la division de Galilée. Il est actuellement commissaire délégué pour l'émigration au gouvernement de la Palestine.

Le frère du vicomte Samuel, feu Sir Stuart Samuel M.P. était membre de la banque Samuel Montagu & Co., et comme président de la Commission des députés des Juifs anglais, fut virtuellement Premier Ministre du parlement juif dans la Grande-Bretagne, lequel tient sous son contrôle le Parlement de Westminster. C'est là un empire dans l'Empire, le parlement juif international est à la tête de l'Empire Britannique et la puissance intérieure dirigeante qui conduit tout le mécanisme politique vers les buts de la Juiverie.

En 1919, ce banquier juif super-riche fut désigné par le Ministère des Affaires étrangères pour représenter la Grande-Bretagne à la tête de la mission envoyée en Pologne afin d'y mener l'enquête sur les pogroms ! L'invitation du gouvernement à diriger cette mission en Pologne avait tout d'abord envisagé le vicomte Samuel, mais comme il représentait à cette époque la Grande-Bretagne à la tête de la mission anglo-belge, le choix se porta sur son frère Sir Stuart, qui s'était déjà distingué par ses votes au parlement à plusieurs reprises, après que sa propre maison fût devenue contractante du gouvernement, procédé digne de blâme au suprême degré et d'une rigoureuse illégalité.

Sir Samuel Stuart fut le principal assistant de M. Winston Churchill dans la conduite de l'opposition contre la mesure d'immigration des étrangers, et l'associé du même Winston Churchill dans le mouvement pour l'abolition des privilèges de naturalisation. Dans un discours aux Juifs, à Leeds, en 1906, Sir Stuart s'exprimait en ces termes ;

« Permettez-moi d'insister sur la nécessité de la naturalisation. Les Juifs et autres étrangers, s'ils ne possèdent pas le droit de vote, sont hors d'état de se protéger eux-mêmes contre les lois dirigées contre eux ».

Les Juifs mis à part, un des champions les plus actifs de Sion fut et est encore David Lloyd George, devenu de fait dictateur de la Grande-Bretagne du mois de décembre 1916 au mois d'octobre 1922, et dont le gouvernement comprit Arthur Balfour, tandis que son ministère des munitions échéait au Dr Chaïm Weizmann aussi bien qu'a l'idole des Juifs, M. Winston Churchill. En outre, durant les onze mois de sa dictature précédant la publication de la déclaration de Balfour, M. Lloyd George eut pour amis intimes et confidents :

Rufus Isaacs (Lord Reading) et ses frères Harry et Godfrey.

Sir Alfred Mond (Lord Melchett).

Le colonel Sir Maurice Hankey, G.C.B. G.C.V.O. G.C.M.G. précédemment clerc au Conseil Privé, secrétaire principal au Secrétariat du Cabinet, et secrétaire au Comité de défense impériale.

Le Dr Chaïm Weizmann.

Edwin Samuel Montagu, P.C. Secrétaire d'État pour les Indes durant la dictature de Lloyd George.

Le Juif levantin Zacharion, multi-millionnaire, pourvoyeur de l'armement et trafiquant de guerre international ; principal actionnaire des fabriques d'armes Vicker, plus connu sous le nom de Sir Basil Zaharoff, dont M. Lloyd George fit un chevalier Grand-Croix de l'Ordre du Bain et de l'Empire britannique.

Sir Hamar Greenwood, précédemment chef secrétaire pour l'Irlande, actuellement vicomte Greenwood, président de nombreuses compagnies. Juif et beau-père du Rt. Hon. Leopold C.M.S. Amery, M.P.

Leopold C.M.S. Amery, M.P., fils d'Elisabeth Leitner, Juive, et marié à la fille de Sir Hamar Greenwood. Il fit partie de l'état-major éditorial du « *Times* » de 1899 à 1909, et devint M.P. en 1911. Lorsqu'éclata la guerre, il fut nommé lieutenant-colonel au bureau militaire de renseignements (*Military Intelligence*) chargé des Affaires balkaniques. En 1917, il devint Secrétaire adjoint au Cabinet de guerre, et en 1918, il faisait partie de l'état-major du Conseil suprême à Versailles.

Sir Philip Sassoon, Bart., Conseiller privé et chevalier Grand-Croix de l'Empire britannique, Secrétaire parlementaire de M. Lloyd George, lorsqu'il était Premier Ministre, et Secrétaire particulier du feld-maréchal

Lord Haig pendant la guerre. Cette dernière nomination est en connexion criante avec l'antipathie vitriolique de Lloyd George pour Haig, mais elle trouve sa meilleure explication avec la sentence formulée par Isaac Blumchen[1] dans son livre « *Le Droit de la Race Supérieure* », écrit en hébreu et où il dit : « *Nous* (les Juifs) *veillons sur les Gentils par leurs secrétaires juifs* ».

Ces quelques noms constituent un ordre de bataille formidable, mais ils ne représentent pas un dixième du tout puissant élément sioniste dans le Cabinet et dans le Parlement britanniques, aussi bien que dans la plupart des milieux politiques, financiers et industriels influents, y compris le Poalé Sion, la branche de langue anglaise du Labour Party international juif, qui forme l'aile gauche communiste du mouvement sioniste, et porte la responsabilité du caractère bolcheviste des immigrants juifs en Palestine.

---

1. Gohier Urbain (Degoulet Urbain - Blümchen Isaac), <u>Le droit de la race supérieure.</u>

Enfin, le peuple juif est maître de la France. Les gouvernements et les nations reconnaissent le fait officiellement. Alphonse XIII, roi d'Espagne, de la maison de Bourbon, est venu en France au mois de novembre 1913. Il est allé chez le président Poincaré, pour une partie de chasse à Rambouillet. Mais il est allé chez notre Edouard de Rothschild pour traiter des affaires de l'Espagne avec la France. Sa Majesté catholique le roi d'Espagne, hôte d'un Juif! Charles-Quint., Philippe II, Henri IV, n'avaient pas prévu ça. Lorsque Carlos de Portugal accrochait le grand cordon de l'Ordre du Christ après un Rothschild, il ne prostituait au Juif que son Dieu; Alphonse XIII s'est prostitué lui-même. Ferdinand, tsar de Bulgarie, des maisons d'Orléans et de Cobourg, venant en France pour traiter des affaires de son pays, n'avait pas même rendu visite au président Fallières: il était allé directement chez notre Joseph Reinach, et il y avait trouvé les ministres de la République.

Notre conquête est désormais un événement accompli ...

Par leur maîtrise du mécanisme gouvernemental, dont la Wall-Street est la clé, les Juifs avaient acquis le pouvoir suprême aux États-Unis et s'étaient impitoyablement efforcés de rendre ce pouvoir absolu et étendu au monde entier, en mettant le sterling sous le contrôle de leur tout-puissant dollar. En conséquence, toujours depuis l'éclatement de la grande guerre, les forces combinées de la Juiverie aux États-Unis avaient soumis le Sterling, à un processus de consomption sans merci, à une guerre inexorable d'usure qui réussit si bien, qu'au commencement de 1916, le Sterling, arraché de sa couverture en or, avait cessé toute fonction indépendante et était devenu un pur instrument du dollar, et comme il avait été la fondation et le principal état du système monétaire continental tout entier, le Sterling fut automatiquement suivi en servitude par le franc français, lequel, par une ironie du sort, avait lui-même été le médium au moyen duquel le gouvernement français judaïsant et la Banque de France avaient amené la livre sterling au service du Sionisme.

La méthode par laquelle cela s'accomplit était aussi simple qu'efficace. New-York, qui demeurait dans les meilleurs termes avec Londres, ne montra pas sa main jusqu'à la dernière minute. Comme toutes les mesures juives, la campagne financière contre la Grande-Bretagne était subversive, et conduite indirectement par la France et par la Russie, qui, grâce à leur dissemblance et à leur duplicité non moins que par leur situation financière discréditée, servirent d'instrument pour briser la résistance de la livre, en convertissant les billets de la Banque d'Angleterre en chiffons de papier auxquels New-York attribuerait une valeur selon son bon plaisir.

CHAPITRE II

LE DOLLAR TOUT-PUISSANT

DEPUIS le commencement de la grande guerre, la Grande-Bretagne a toujours exporté de vastes quantités d'or aux États-Unis, en partie afin de payer les achats effectués là pour son propre compte, mais surtout afin d'aider ses alliés. Ayant pratiquement supporté le fardeau financier total des alliés pendant les six premiers mois de la guerre, le gouvernement britannique avait hâte d'assurer la participation de la France aux énormes avances déjà faites par l'Angleterre à la Belgique et à la Russie, et à celles, de beaucoup plus fortes qu'elle aurait à leur faire encore, ainsi qu'aux autres alliés, y compris la France elle-même.

En conséquence, au mois de février 1915, le Chancelier de l'Echiquier, M. Lloyd George, suggéra que pour mieux satisfaire à leurs communes et mutuelles obligations, les alliés dénonceraient l'or tenu par la Banque impériale de Russie, et que les proportions existant entre leurs avoirs respectifs en or seraient maintenues par un mutuel accommodement des trois banques. La France refusa purement et simplement. Elle objecta que si l'Angleterre, comme résultat de ses envois d'or excessifs, était pressée d'acquitter le compte de ses achats aux État-Unis, la France, elle aussi, aurait tôt ou tard à acheter aux États-Unis et serait par suite dans l'obligation d'exporter son or, et la France ne disposait pas des ressources de la Grande-Bretagne pour remplacer l'or tenu par la Banque de France. Mais, « comme il semblait seulement raisonnable à la France de dénoncer ses ressources financières avec l'Angleterre », ainsi que M. Alexandre Ribot l'expliqua à l'appui du gouvernement français, « nous ne devons pas attribuer seulement à l'or la propriété de rendre bons nos achats, nos efforts devant s'exercer non seulement à engager notre or dans la cause commune, mais aussi à trouver les moyens d'assurer notre crédit au dehors. Pourquoi, ajouta M. Ribot, ne proclamerions-nous pas de suite notre intention d'émettre un emprunt international au nom de l'Entente ? On donnerait par là au monde la preuve la plus tangible de notre solidarité, et la nature attractive du placement assuré par les ressources combinées de la Grande-Bretagne, de la France et de la Russie payables en livres, en francs et en roubles **avec parité de l'or**, garantiraient le succès de l'emprunt ».

C'était là beaucoup trop, même pour un gouvernement britannique longtemps éprouvé, et la proposition fut rejetée par M. Lloyd George et par Lord Cunliffe (gouverneur de la Banque d'Angleterre), en donnant pour motif que le marché financier de Londres, qui était le moins affecté par la guerre, aurait à assumer la plus grande part, sinon la part entière des sécurités, et comme la Grande-Bretagne redoutait de n'être pas en état de maintenir la parité de la livre sterling aux États-Unis, elle refusait d'affaiblir son propre crédit en l'associant à celui des alliés. Cependant, en dépit d'un assez grand souci dans les milieux financiers de Londres, il fut convenu, sur la suggestion de la France, entre la Grande-Bretagne, la France et la Russie, d'émettre un emprunt commun à l'aide de ceux des petits pays alliés hors d'état de prêter en leur propre nom ; et en vertu de cela la Banque de France se décida, très à contre-cœur, à faire à la Banque d'Angleterre une avance de £6.000.000 dans le cas où la réserve en or de cette dernière tomberait au-dessous de £80.000.000, et finalement M. Lloyd George triompha en arrachant à la France son **consentement** à partager en égales proportions avec l'Angleterre les avances déjà faites par le gouvernement britannique à la Belgique et à la Russie. Ces soi-disant avances (paiements immédiats au comptant libres d'intérêts, pour un `total de centaines de millions de livres) ne furent naturellement jamais rendues, et comme la France répudia toutes ses obligations, tout le poids de la dette \vint en tout cas à la charge de la Grande-Bretagne.

Au mois d'avril 1915, la dette française au États-Unis avait atteint de telles proportions, que le gouvernement britannique fut interrogé sur la capacité de la France à faire honneur à la dette contractée au dehors avec une pareille profusion et dans une mesure toujours croissante. L'Angleterre approvisionnait la France de tout le charbon nécessaire avec de si faibles chances d'être payée, que le mode de paiement n'avait même pas été débattu. La France n'arriva pas non plus à un arrangement financier quelconque avec les États-Unis ; elle préféra laisser le règlement de ses dettes à la Grande-Bretagne. Les banques américaines n'étaient pas disposées à escompter le papier français, et il fut éprouvé qu'un appel au peuple américain demeurerait sans effet. Le crédit français sur le marché financier d'Angleterre n'était pas plus haut qu'à New-York, lorsqu'en avril 1915 M. Ribot arriva à Londres, non seulement pour solliciter une assistance financière encore plus large, mais aussi pour persuader le Trésor anglais d'ouvrir à la France de nouveaux crédits aux États-Unis. Le résultat de la mission de Ribot fut de créditer la France à Londres, et, grâce à l'autorité de Londres aux États-Unis, pour une somme équivalant trois fois à la valeur de l'or à envoyer comme sécurité par la Banque de France, dont la réserve en or avait été appréciée à cette époque et ne s'élevait pas à moins de £220.000.000.

Plus tard dans la même année (1915), le banquier juif Octave Homberg, représentant financier du gouvernement français aux États-Unis, créa à New-York une agence en vue « d'entrer en contact avec le monde financier » et incidemment « de créer et de saisir des opportunités de renforcer les ressources de la France », procédé qui entraînait « l'éducation » progressive des banquiers et du public. Octave Homberg, comme jeune homme, avait été employé sous Delcassé dans le service diplomatique, où il était devenu expert danse le déchiffrement des télégrammes secrets adressés par les Ambassadeurs étrangers à Paris à leurs gouvernements respectifs, télégrammes écrits en chiffres et dont le Quai d'Orsay avait « trouvé » la clé ! Mais il excellait surtout comme financier, spécialement en connexion avec l'Abyssinie et la Russie, où la corruption était à l'ordre du jour. Il faisait bon usage de ses nombreuses relations parmi les banquiers et les hommes d'État. de Londres, pour lesquels et pour les méthodes desquels il professait un profond mépris, tandis qu'il montrait une prédilection marquée pour son compatriote Lord Reading.

Homberg était directeur de la « South African Central Mining and Investment Corporation Ltd. » au capital de £5.100.000. Ses codirecteurs étaient Lionel Philips, Lewis Reyersbach et Schumacher (transformé depuis en Ffennell). A Johannesburg, cette Corporation, qui contrôle l'industrie minière de l'or en Afrique du Sud, est connue comme « Corner House » (Maison du coin). Parmi les nombreux associés d'affaires de Homberg figuraient Henry. Strakosch, Otto Beit, Friedländer, Gustav Imroth et Sir Sigmund Neumann. Il partageait la germanophobie de Delcassé et fut un ardent avocat des conditions d'une paix qui paralyserait pour toujours l'Allemagne.

Octave Homberg présida avec un succès marqué son agence de New-York jusqu'**après** l'entrée des États-Unis dans la guerre.

Avant la fin de 1915, la France se débattait de nouveau avec de sérieuses difficultés financières, condition qui ne s'appliquait pas moins à la Grande-Bretagne, lorsqu'au mois de février 1916, Ribot fit encore une fois appel au Trésor britannique pour l'ouverture de nouveaux crédits dans des conditions semblables à celles sous lesquelles la France avait obtenu son précédent emprunt en avril 1915, conditions qu'elle ne remplit jamais. En dépit de sa réserve prépondérante en or, le crédit de la France était très bas en raison de sa peu enviable réputation comme débitrice, le franc commençait à tomber et une panique menaçait le public français, dont les plaintes avaient déjà retenti. La situation financière était aussi désespérée en France que dans les propres paroles de Ribot :

« Nous avons réussi à obtenir un certain crédit aux États-Unis grâce à des opérations en connexion avec la maison de banque de Kuhn Lœb (une succursale de la Banque Bleichrœder Mendelssohn) laquelle dans les conditions normales n'eût pas avisé un Ministre des Finances quelconque d'entretenir une politique désespérée par laquelle nous avions recours à n'importe quel expédient possible en vue de reculer le jour fatal où, si les États-Unis n'entraient pas dans la guerre, nous nous trouverions nous-mêmes sans moyens de payer notre échéance. Il était impératif en tout cas pour nous de pousser jusqu'à l'extrême limite en nous efforçant toujours et quand même de gagner quelques mois, quelques semaines, et même quelques jours ».

D'ailleurs, le tour d'adresse financier de M. Ribot n'était rien en comparaison des méthodes, plus élémentaires, honteusement pratiquées avec un étonnant succès par son émule à Petrograd, M. Bark, avec le gouvernement duquel la France avait en 1915 ouvert un crédit de £25.000.000 (intérêts payables par annuités à la Banque de France), crédit par lequel étaient stipulés la compétence entière de la France pour l'amortissement de la dette russe, en même temps que des ordres pour la fabrication en France de matériel de guerre. La contradiction entre ces termes et ceux que la France sollicita et reçut de la Grande-Bretagne est, pour dire le moins, digne de remarque. Ayant échoué dans l'obtention de cette « douceur » à Paris. M. Bark se tourna vers Londres où, en 1916, il exécuta un coup financier qui doit passer pour unique en son genre.

Comme M. Ribot, il pensait lui aussi qu'il « était impératif en tout cas de pousser jusqu'aux limites extrêmes » pour obtenir les crédits nécessaires. M. Bark poussa la chose si loin jusqu'à raconter au Chancelier de l'Echiquier, M. Reginald McKenna, que la Banque impériale russe augmenterait ses émissions, si la Grande-Bretagne ouvrait un crédit en or, l'or restant à Londres et servant seulement de garantie. Les statuts de la Banque impériale, expliqua M. Bark, permettaient de considérer un pareil crédit comme l'équivalent de l'or déposé en Russie ! Cet accommodement purement fiduciaire de la part de l'Angleterre serait naturellement couvert par un crédit d'un montant égal ouvert par le gouvernement russe au gouvernement britannique, étant bien entendu que ni l'un ni l'autre de ces gouvernements n'emploieraient ces crédits pendant la guerre, après laquelle ils seraient annulés. Comme résultat de cette proposition vraiment étourdissante, M. Mc-Kenna ouvrit à M. Bark des crédits surpassant la spéculation la plus aventureuse en France et causant la consternation même en Angleterre. Cependant, les « experts économistes » anglais et français, qui n'étaient pas dans le secret et voyant dans les rapports officiels publiés par la Banque impériale russe une agglomération de sa réserve en or, félicitèrent la Russie d'être en état d'effectuer cet accroissement de ses réserves, et M. McKenna de sa prévision ! Lorsque finalement la tempête se déchaîna sur la Russie, ses éclats n'atteignirent pas M. Bark : pendant ce temps, Sir Peter Bark était confortablement installé à Londres en permanence.

Au mois d'août 1916 l'Angleterre, pierre fondamentale de l'édifice des alliés, se voyait à la veille d'une calamité financière. Elle était surchargée à la Banque Morgan pour le chiffre de 110.000.000 de dollars, et ses propres commandes aux alliés atteignaient 1.163.000.000 de dollars ; tandis que 10.000.000 de dollars par semaine suffisaient amplement à maintenir la parité de la livre sterling à New-York. Cependant, du mois d'août 1916 au mois de mars 1917, la Grande-Bretagne effectua à la France des paiements mensuels réguliers de £25.000.000, représentant une somme totale de £200.000.000.

On estimait que les paiements à effectuer par l'Angleterre aux États-Unis le 1er avril 1917, tant pour son propre compte que pour l'aide à la France, s'élèveraient à 1.500.000.000 de dollars ; et tout l'or de la Banque d'Angleterre ne suffisait pas à couvrir un tiers de cette somme, en partie à cause des £221.000.000 en or qui avaient quitté l'Angleterre pour payer les achats des alliés au dehors, non moins que les £126.000.000 fournis par la Grande-Bretagne elle-même, la contribution de la France comportant seulement £52.000.000. Pire que tout cela, l'Angleterre avait tenté d'obtenir aux États-Unis un emprunt de 250.000.000 de dollars, lequel avait été refusé.

A la fin du mois de septembre 1916, les alliés étaient réduits à vivre au jour le jour des emprunts à court terme obtenus avec l'or que l'Angleterre tenait en dépôt à Ottawa. Ils avaient épuisé chaque expédient ils espéraient pouvoir éviter les mauvais jours, et ils étaient sur le point d'émettre des bons à un ou deux mois, lorsque subitement, en novembre 1916, le Conseil exécutif des banques fédérales aux États-Unis mit toutes les banques fédérales en garde contre la disposition de leurs ressources en bons qui, bien qu'à court terme selon toute apparence, devraient être nécessairement renouvelés sans cesse pendant la guerre. En outre, le Bureau fédéral de Réserve aux États-Unis avisa le public américain de procéder à de minutieuses enquêtes avant de placer son argent dans des emprunts non pleinement garantis. Il démontra que les États-Unis avaient atteint un degré de richesse et de puissance internationale sans précédent jusque-là, et cette puissance, affirmait-il, ne devait pas être compromise, car les États-Unis en exigeraient chaque fraction après la guerre. Le Conseil exécutif des banques fédérales et le Bureau Fédéral de Réserve étaient tous deux des fiefs juifs.

Les alliés capitulèrent sous le premier claquement du fouet et cessèrent immédiatement l'émission de bons à court terme, augmentant par-là leurs propres difficultés. Au cours des derniers mois de 1916 et au commencement de l'année 1917, leur condition devint critique. La situation était si grave, qu'en décembre 1916, le Chancelier anglais de l'Echiquier, M. Bonar Law, et M. Ribot comptèrent tous deux les jours où ils continueraient à tenir avant que la valeur du change de la livre sterling, seul soutien du change français à New-York, commençât à chanceler. Mais cela tint bon et au mois de mars 1917, la France pressait encore le Trésor britannique pour un nouveau crédit de £50.000.000, qui fut accordé à condition que la Banque de France consignât £10.000.000 en or à Londres et une somme pareille à Ottawa à tenir en réserve, soit un total de £20.000.000 contre les £50.000.000 de l'Angleterre. La Banque de France refusa net ; on craignait que le public français prît au tragique toute dépression de sa réserve en or, seul avoir de la France et son dernier espoir. Tel était l'état de choses quand, le 6 avril 1917, le président Wilson déclara la guerre au moment opportun pour sauver la France et sa garante de la banqueroute imminente et du désastre en résultant.

Mais les négociations qui atteignirent leur point culminant avec la déclaration de guerre à grand orchestre de Woodrow Wilson avaient été longues, difficiles et compliquées. Leur résultat en faveur de la Grande-Bretagne était dû pour une bonne part à la finesse et au prestige de son plénipotentiaire aux États-Unis, Lord Reading, dont l'ascension au pouvoir avait été étonnante, même pour un Juif.

Son père Joseph Isaacs, courtier en fruits et agent maritime, avait trois fils, Godfrey, Harry et Rufus Daniel, ayant tous occupé une position en vue dans les cours judiciaires. Lorsqu'en 1910, Godfrey devint directeur-administrateur de la Marconi's Wireless Telegraph Co. Ltd., il était déjà un directeur de la compagnie espagnole Marconi International Marine Communication Co. Ltd., du General Wireless Trust Ltd. et des compagnies Marconi Wireless Telegraph Companies of America and Canada.

Harry avait été également couronné de succès. Avec un débours capital de £107/10/0 seulement, il acheta 4,300 actions de six penny dans la Compagnie anglaise de cellulose, et de concert avec des complices juifs, convertit chaque action de six penny en £14/10/0, réalisant par là un total de £62,150 sur son débours originaire de £107/10/0 !

Mais si surprenants qu'ils fussent, les exploits de Godfrey et d'Harry furent entièrement éclipsés par ceux, encore plus affichés, de leur frère Rufus. Après avoir miraculeusement échappé aux poursuites judiciaires, en raison de son activité comme courtier d'argent dans sa jeunesse, Rufus Daniel Isaacs devint avocat et entra au parlement, après quoi sa carrière politico-légale devint « météorique ».

Le 7 mars 1912, M. Herbert Lewis Samuel, Ministre des Postes (aujourd'hui vicomte Samuel) accepta une offre de la Compagnie Marconi, dont le directeur était Godfrey Isaacs, et dont le frère Rufus était alors Attorney General, principal conseiller légal de M. Asquith. La suite fut le trafic notoire avec les actions Marconi. Sur l'acceptation de cette offre par le Ministre des Postes, Godfrey Isaacs s'adressa aux États-Unis et revint à l'apogée de la hausse (résultant de la manœuvre de Samuel-Godfrey Isaacs) avec 100.000 actions américaines de Marconi dans sa poche, tandis que dans celle de son courtier, M. Heybourne, il y avait plus du double de ce chiffre, Godfrey ayant l'intention de tout placer sur le marché de Londres. Mais toutefois auparavant, il invita ses frères Harry et Rufus, l'Attorney General, à une réunion privée, et leur offrit les actions à £1/16/0 chacune, sur quoi Harry en prit 56.000 et Rufus en prit ensuite d'Harry 10.000 à £2 chaque.

Plus tard M. Lloyd George (lequel, en qualité de Chancelier de l'Echiquier, avait pourvu le Ministre des Postes [Herbert Samuel] de l'argent destiné à payer pour l'offre de Godfrey Isaacs) et master of Elibank M.P. secrétaire parlementaire au Trésor et contrôleur des fonds secrets du parti libéral, prirent part tous deux à la transaction.

Au mois d'avril 1912, le marché anglais ouvrit à £3/5/0 par action, fait qui ne s'est jamais reproduit depuis. Godfrey et Harry Isaacs et MM. Lloyd George et Elibank vendirent presque toutes leurs actions avec un énorme bénéfice. En outre Elibank engagea des fonds secrets du parti dans des placements frauduleux, et un mois plus tard, lui et Lloyd George avaient d'autres sujets de préoccupation.

Au mois de juillet 1912, le contrat entre Herbert Samuel, Ministre des Postes et Godfrey Isaacs, directeur-administrateur de la Marconi's Wireless Company, eut à soumettre sa ratification devant la Chambre des Communes. L'Attorney Général Rufus Daniel Isaacs, le chancelier de l'Echiquier Lloyd George, et le Secrétaire Parlementaire du Trésor, contrôleur des fonds secrets du parti, Elibank, étaient tous les trois financièrement intéressés dans des conditions particulièrement avantageuses dans la compagnie Marconi américaine et avec l'aide d'Herbert Samuel, Ministre des Postes, ils firent d'ardents efforts pour faire passer l'affaire devant le Parlement pendant la dernière nuit de la session, et eussent réussi sans le major Archer Shee.

Le 11 octobre, le Parlement se réunit et un violent débat s'engagea sur le contrat de Samuel Isaacs ; Rufus Isaacs et Herbert Samuel nièrent vivement tous deux avoir jamais possédé, eux ou quelqu'un de leurs collègues, une action dans « cette Compagnie », tandis que Lloyd George s'exprima en termes vagues en parlant de calomnie et de « mauvaises langues ». Une commission ayant été nommée en tout cas pour procéder à une enquête sur le scandale, Rufus Isaacs lui-même se mit en relations avec deux de ses membres et leur fournit en particulier des informations sur ses procédés avec Marconi et sur ceux des autres ministres, non pour un motif altruiste ou honorable quelconque, mais, ainsi que Rufus l'admettait par serment « parce que la Commission avait à entendre les journalistes » qui avaient fait les révélations, et qui étaient en possession de toute la matière d'évidente incrimination. Mis en présence d'une crise et craignant pour sa propre sûreté, le gouvernement donna à la Commission des instructions pour laisser tomber l'affaire et sauver les coupables. Cela fait, toute l'affaire sombra aussitôt dans l'oubli. Pour sa complicité dans la manipulation d'actions de la Compagnie Marconi américaine, l'Attorney général éluda étroitement la justice distributive, mais immédiatement après l'exposé, à la consternation de tous les autres amis les plus intimes, M. Asquith nomma Rufus Isaacs Lord Chef de la Justice en Angleterre, et deux mois plus tard il le créait Baron Reading of Erleigh ! Au mois de juin 1915, il devint chevalier Grand Croix de l'ordre du Bain et fut fait vicomte une année après. Son plus grand triomphe vint opportunément en 1917 lorsque la crise financière de l'Entente approchait de son apogée, et que Rufus Daniel Isaacs fut choisi parmi tous les sujets de l'Empereur-Roi pour représenter le plus grand empire du monde au bar de Mammon en Amérique, où il détermina Sion à amener les États-Unis au côté anglais de la barrière. La même année, Isaacs fut élevé à la dignité de comte, et deux mois plus tard nommé ambassadeur extraordinaire de la Grande-Bretagne aux États-Unis. Par la suite il fut créé marquis de Reading et reçut la Grand Croix de l'Etoile des Indes, Ordre de l'Empire des Indes et de la Reine Victoria. En chargeant son Juif le plus fougueux de happer ses frères aux États-Unis, le gouvernement britannique témoignait cette sagacité innée dans les affaires qui passe si souvent pour de la science politique, mais une sagacité que, dans ce cas, les événements survenus plus tard n'ont pas confirmée.

Avec Rufus à la tête de sa mission financière aux États-Unis, la Grande-Bretagne peut avoir évité un « désastre » semblable à celui auquel elle avait échappé (au dire de M. McKenna à la Chambre des Communes en novembre 1914) grâce à la naturalisation hâtive, à quelques jours de l'éclatement de la guerre, du baron Schrœder et de son partenaire Julius Rittershausen. Mais le désastre réel survint avec le cumul subséquent du contrôle financier du naturalisé Schrœder sur les dirigeants politiques de la Grande-Bretagne.

Lorsque Daniel Reading entra dans la caverne du Lion, il s'y trouva lui-même au milieu de compatriotes, y compris ses frères, les conseillers privés Sir Ernest Cassel et Sir Edgar Speyer, prompts à accueillir un hôte apparenté que sa réputation avait précédé. Il en résulta une conclusion frappante. D'après un rapport officiel du Commissaire général de police Bingham, cinquante pour cent des criminels de New-York City étaient Juifs, et ceux de ses compatriotes avec lesquels Lord Reading entretint des relations, bien que beaucoup d'entre eux appartinssent au Sionisme méprisé comme produit du ghetto, étaient en réalité des types parfaits de Juifs des États-Unis. New-York avait son Kahal ou Communauté avec un conseil rapporteur d'Anciens qui « font entendre leurs voix et connaître leurs opinions dans toutes les affaires concernant la Juiverie dans le monde ».

L'influence exercée par les Juifs occupant de hauts emplois dans le gouvernement de Wilson, comme chefs du pouvoir exécutif et comme membres du Congrès, était telle, que la politique nationale des États-Unis se trouvait en réalité soumise au contrôle de Juifs, parmi les plus puissants desquels on comptait le Sioniste Louis Dembitz Brandeis, chef de Justice de la Cour suprême et Président de l'Association sioniste d'Amérique. Il était étroitement associé au président Wilson, qui le consultait invariablement dans toutes les affaires relatives à la finance de guerre, et il vivait sur un pied d'intimité avec la Commission financière britannique aux États-Unis, commission ayant à sa tête Rufus Daniel Isaacs, Lord Chef de la Justice en Angleterre.

De même, Bernard Mannes Baruch, membre de la Bourse de New-York, appelé par le président Wilson à la Commission consultative de la défense nationale et président du Bureau des industries de guerre, contrôlant les matières premières, les minéraux et les métaux aussi bien que tout genre de manufacture.

En sa qualité de membre de la Commission chargée de tous les achats en faveur des alliés aux États-Unis, Baruch était aussi en rapports étroits avec la Commission financière d'Isaacs. Il proclama publiquement que grâce à ses aptitudes durant la guerre « il a probablement exercé un pouvoir supérieur à celui de n'importe quelle autre personne dans le pays ».

Des collaborateurs intimes des dictateurs financiers juifs furent Samuel Gompers, président de la Fédération américaine du Travail, et les frères Isidore, Nathan et Oscar Salomon Strauss, ce dernier autrefois ambassadeur des États-Unis en Turquie et membre du cabinet de Theodore Roosevelt.

De même Julius Klein, du Département du commerce, et Eugen Meyer, chef du Bureau fédéral de Réserve, avec ses deux principaux associés Felix et Paul Warburg, frères de Max Warburg, l'agent sioniste du Comité intérieur d'Action, à Berlin. Les Warburg étaient en relations et associés avec Jacob Schiff dans la Kuhn Lœb & Co. Paul exerçait une influence de contrôle dans le conseil exécutif des banques fédérales des États-Unis, et c'est lui qui fut responsable de la fameuse circulaire recommandant aux banques américaines de cesser tout prêt d'argent aux alliés. Le président Wilson nomma Paul Warburg parmi les directeurs de la Commission chargée de la réforme du système bancaire de l'Amérique.

Sous l'influence croissante du Sionisme, le Comité juif américain « assimilé » fut mis de côté par le Congrès sioniste américain beaucoup plus puissant. Durant l'année 1917, alors que ce Congrès ne siégeait pas, les affaires juives furent conduites par le Comité international d'action intérieure sous la direction du Dʳ Schmaryar Levin, et par le grand Comité d'action, deux corps exécutifs élus par le Congrès sioniste américain.

Comme résultat d'une intense propagande, le Sionisme gagna dans les masses et auprès de la plupart des chefs de la Juiverie américaine, y compris le président bien connu de la Kuhn Lœb, Jacob Schiff lui-même, qui depuis 1905 avait été un soutien financier actif de la révolution russe, dont les « bienfaits » l'avaient convaincu de l'efficacité du sionisme.

Schiff était le plus grand pourvoyeur financier de la Société « allemande » d'assistance juive mutuelle, et pendant la guerre, avant que l'Amérique intervînt, lui et son collègue Heubsch formèrent le Comité américain de Conférence neutre, ayant pour but de forcer les belligérants à faire une paix selon les conditions juives. C'est ce Comité qui suggéra l'idée d'une Ligue des Nations dont le centre nominal devait être à Genève, mais dont le véritable centre était naturellement déjà fixé au siège de la finance internationale, sous le régime de contrôle de laquelle toutes les nations seraient soudées en un état de vaste servitude. L'ambassadeur de l'Empereur Roi de la Grande-Bretagne au États-Unis était donc bien *« the right man in the right place »*. Lord Reading était dans son élément.

CHAPITRE III

LE DICTUM DU SIONISME

*L*A guerre n'avait pas encore une année de durée avant que les hommes d'État alliés responsables jetassent des regards pleins d'anxiété non vers l'est, du côté du front, mais vers l'ouest au-delà de l'Atlantique, d'où menaçaient des dangers infiniment plus graves que n'importe quelle considération des champs de bataille. L'Entente était insolvable, et n'espérait pas acquitter même un dixième de sa dette, tous ses biens étaient hypothéqués aux États-Unis et la réserve en or de l'Angleterre était épuisée. Comme il devenait de plus en plus visible que la guerre serait gagnée ou perdue à New-York, les Alliés concentrèrent leurs efforts autant, si ce n'est plus, en vue de gagner l'appui des Juifs aux États-Unis, plutôt que de gagner des batailles en Europe.

Pour échapper à la calamité menaçante, l'Entente et ses créditeurs avaient à convaincre les États-Unis, non seulement de la nécessité urgente, mais aussi des avantages à prendre part à la guerre. Les banques et les grandes maisons d'affaires savaient mieux que personne que la banqueroute forcerait les Alliés à suivre la Russie dans l'oubli, et que pour conserver leurs placements en Europe, les Juifs auraient à déterminer l'Amérique à combattre pour eux. D'un autre côté, le public n'était pas aussi disposé. Il avait amassé une richesse au-delà de ses rêves les plus fantaisistes, dans une douce ignorance du véritable état des affaires, et il eût certainement résisté à toute mesure menaçant d'atténuer sa prospérité. Il était cependant également certain que le président Woodrow Wilson et son gouvernement, aussi dépendants de l'opinion publique que des banques, ne se risqueraient pas dans un mouvement impopulaire. Avant de pouvoir entrer dans la guerre, il s'agissait de persuader les Yankees, naturellement enclins à l'émotion, qu'ils étaient appelés à combattre pour la liberté de petites nations, pour la libre détermination, pour sauver le monde en faveur de la démocratie, et finalement pour terminer la guerre.

En conséquence, le gouvernement des États-Unis stipula que la participation de l'Amérique à la guerre serait conditionnellement basée sur une déclaration des alliés selon laquelle les buts en question constituaient leur seule raison de continuer la guerre jusqu'à sa conclusion, l'Entente, hors d'état de mettre en doute ces motifs, accepta sans délai la définition des buts du président Wilson. La France, qui avait conservé une bonne position sous le vent de son alliée, n'était pas sérieusement affectée par ces stipulations, mais en les acceptant, la Grande-Bretagne abjurait définitivement son indépendance politique, et en vendant son titre au seul prix qui eût justifié ses sacrifices pendant la guerre, elle jeta la semence dont les fruits menacent aujourd'hui de briser l'Empire.

Mais il n'existait pas d'autre alternative.

Les États-Unis avaient été amenés à déclarer la guerre pour « sauver le monde en faveur de la démocratie » et non pour augmenter l'Empire britannique de 900.000 lieues carrées. D'autre part, la Grande-Bretagne n'avait pas mis en jeu sa réelle existence sur l'issue victorieuse de la guerre pour de purs motifs altruistes. Ce qui importait avant tout était l'acquisition des domaines du sultan en Asie, vastes territoires s'étendant de l'Egypte au Golfe Persique, dont la possession assure une position dominante dans la Méditerranée orientale, en commandant la principale route stratégique de l'Angleterre, et les routes transcontinentales maritimes et aériennes vers les Indes. Une importance vitale était également attachée aux terrains huilifères de la Mésopotamie, comptés parmi les plus riches du monde. Tout cela et d'autres choses encore, étaient les prix convoités pour lesquels la Grande-Bretagne était engagée dans une lutte désespérée à vie ou à mort, lutte qui avait déjà coûté tant de sacrifices, et devait inévitablement lui en coûter davantage encore. En était-elle maintenant à concilier ses véritables et immuables buts de guerre avec les platitudes purement visionnaires de Wilson, auxquelles elle était irrévocablement livrée, et sous la pression de sa souscription, base de la déclaration de guerre des États-Unis.

Ce problème ne comportait qu'une seule solution, à savoir, une dissimulation dans la forme prescrite par les Sionistes, par lesquels avait été à proprement parler créée l'impasse où se débattait l'Angleterre elle-même, et cela en vue de ménager cette solution avec une *raison d'être*. La crise n'était donc pas le résultat de circonstances provenant de la guerre, mais elle avait été délibérément et laborieusement machinée comme un moyen final par les Sionistes, dont le Comité politique avait préalablement envisagé le remède par anticipation de cette crise, et avait préparé jusqu'aux circonstances en état de le rendre effectif ; et les « circonstances », dans l'état de la crise financière de l'Entente, n'étaient pas précisément favorables alors.

L'absorption par l'Angleterre de presque un million de lieues carrées de territoires conquis eût été incompatible avec sa renonciation à toutes prétentions territoriales après une guerre, hasardée pour des motifs purement désintéressés : il était essentiellement nécessaire de trouver un couvert sous lequel la Grande-Bretagne eût pu satisfaire ses aspirations territoriales, sans éveiller les soupçons de l'opinion publique yankee. En conséquence, la Juiverie poussa son système de gouvernement mandataire dans un monde fatigué de la guerre et en état de banqueroute, système imaginé par les Sionistes en prévision de la crise, et auquel la Ligue des Nations a donné par la suite un statut officiel et une apparence de légalité. Le mandat s'effectue par la Ligue des Nations, dont la constitution la rend inattaquable et capable d'errer en toute impunité. C'est en réalité un système de compagnie à responsabilité limitée. Toutefois, en dépit de cette désignation succincte, la Ligue des Nations, à l'époque de la Conférence de San Remo, consistait dans le Conseil suprême, composé de plénipotentiaires de la France, de la Grande-Bretagne et de l'Italie (sous la tutelle de leurs créditeurs juifs), et soutenu par un chœur grec de nations moins chargées de dettes, tenues en servitude politique et économique par un réseau de menaces, de pactes et d'emprunts. Grâce au système mandataire (une forme d'expropriation par procuration) tous les territoires confisqués à l'ennemi de la veille sont détenus en toute confiance par la Ligue, dont les membres reçoivent le mandat d'administrer (sous la surveillance de la Ligue et dans le seul intérêt des indigènes) des pays où sans ce magnanime système, ils gouverneraient en conquérants. En évitant par là toute apparence de possession régulière et de gouvernement arbitraire, le mandataire est déguisé en protecteur d'un peuple opprimé et arriéré, auquel la Ligue, par ce délégué, procure une large mesure de prospérité, et en même temps une complète indépendance. Mais ce subterfuge politique ne servait pas à voiler les véritables aspirations de la Grande-Bretagne.

Afin de jouir d'une parfaite immunité diplomatique pour ses machinations internationales, la Juiverie requit sa propre place forte particulière sous forme d'un foyer juif national, possédant le plein statut d'une souveraineté absolue. Mais comme tout ce qui est juif, le soi-disant foyer national devait être parasitique ; il devait se développer sur le dos et aux dépends d'autrui, et non en premier lieu pour des raisons financières ou économiques. Les Juifs n'avaient nulle intention de pourvoir aux troupes, à l'organisme administratif ou à l'argent nécessaires, ni d'encourir incidemment la haine que susciterait inévitablement la pleine réalisation de leur intrusion en Palestine. La chose est claire. Mais ils avaient d'autres motifs et de plus puissants, pour éviter les responsabilités d'une prise de possession directe.

La seule chose que la Juiverie fût déterminée à éviter était un foyer national pur, car si Sion s'érigeait en nation, ses nationaux devraient automatiquement renoncer à leur cosmopolitisme pour devenir citoyens de la Palestine, et par suite être des étrangers partout ailleurs. En cessant leur rôle de membres, de leur corporation internationale privilégiée embrassant la qualité civique universelle, les Juifs subiraient les mêmes conditions que celles régissant les peuples de chaque nation du monde (excepté la leur) et la Juiverie aurait ainsi perdu sa « *raison d'être* ».

Pour mieux convaincre le monde de la nature inoffensive de leur « mouvement purement patriotique et religieux », les Sionistes organisèrent une opposition criarde qui, aux États-Unis et en Angleterre, fit grand spectacle de leur hostilité à la constitution d'un État juif ; une campagne fut organisée par des sections influentes de l'anglo-juiverie sous la direction du collège de députés des Juifs anglais et de l'association anglo-juive, avec le but avoué de dissuader le gouvernement britannique d'accéder aux demandes des Sionistes. L'ostentation anti-sioniste de ces corps fut évoquée au Cabinet britannique par le secrétaire d'État pour les Indes, le Juif Edwin Montagu.

Bien que la campagne anti-sioniste fût, avant tout, une duperie particulièrement destinée à donner au Sionisme l'apparence d'un mouvement relativement insignifiant de parti, en exaltant et en accentuant la scission entre Sionistes et anti-Sionistes, cette scission n'en existait pas moins effectivement et était due à l'hostilité réelle contre le Sionisme des Juifs assimilés de l'ouest, qui affectaient de mépriser leurs pauvres relations des ghettos de l'Europe orientale, mais dont l'animosité était excitée surtout par la crainte que la création d'un État juif conférât inévitablement la nationalité juive à tous les Juifs qui perdraient par là leur véritable droit de naissance, ce monopole du vieil âge et privilège inestimable, secret du pouvoir de Judas, en un mot, l'internationalisme.

Le « *Times* » du 24 mai 1917 publia une déclaration de David Alexander, président du collège de députés juifs anglais et de Claud Goldschmidt Montefiore, président de l'Association anglo-juive, pour protester énergiquement contre l'établissement en Palestine d'une souveraineté juive indépendante, laquelle, craignaient-ils, « aurait pour effet dans le monde de stigmatiser les Juifs comme étrangers dans **leurs pays natals** et de leur arracher **leur position péniblement acquise de citoyens et de nationaux** de ces pays ».

Ces craintes étaient cependant dénuées de fondement et les anti-Sionistes d'Angleterre et des États-Unis furent rapidement « gagnés » quand ils constatèrent que l'État souverain sioniste n'était qu'un flocon de fumée politique.

Lorsqu'en 1918, l'opposition au Sionisme atteignit son point culminant aux États-Unis, elle trouva tous les Juifs dirigeants, ou anti-Sionistes seulement de nom, ou ouvertement favorables.

Le 26 septembre 1918, à New-York, Louis Marshall écrivait à l'anti-Sioniste Max Senior : « Mes raisons de soutenir le Sionisme ont été stimulées par la marche rapide des événements. Les armées alliées ont maintenant nettoyé la Palestine des Turcs et des Allemands. Il est significatif que les unités juives constituent une partie de l'armée victorieuse. Le président Wilson a donné son approbation aux principes développés dans la déclaration de Balfour et les Puissances alliées y sont unanimement favorables. Le Comité juif américain a reconnu l'importance politique de la déclaration de Balfour comme un facteur dans les efforts en vue de la défaite des Puissances centrales. Le major Lionel de Rothschild fait savoir que la ligue des Juifs anglais, dont il est président, est d'accord avec le Comité juif américain.

La déclaration de Balfour avec son acceptation par les Puissances est un acte de la plus haute diplomatie. Elle signifie **ni plus** et **ni moins** qu'il n'apparaît à la surface, **car le Sionisme n'est qu'un détail d'un plan de vaste envergure : c'est seulement une patère commode pour y suspendre une arme puissante** ».

L'auteur de la lettre ci-dessus, Louis Marshall, devint partenaire de la maison d'avoués Guggenheimer, Untermeyer & Marshall, et fut nommé en 1908 président de la Commission d'immigration de l'État de New-York. Vingt ans auparavant, il était président de la Commission pour l'amendement de l'association du barreau de New-York. Il usa de son influence sur le Président Taft et sur le sénat pour dénoncer le traité avec la Russie en raison de la persécution des Juifs dans ce pays, et présida la délégation juive à la Conférence de la paix. Il prit une part proéminente au mouvement sioniste, et fut à la tête de la Commission judéo-américaine de soutien qui leva 75.000.000 de dollars « **pour les Juifs martyrs de la guerre !!** »

L'essence totale de la politique juive était que la Palestine jouît d'un état de souveraineté *de facto* et non *de jure*, d'où l'insistance pour un mandat à la Grande-Bretagne, qui ayant désavoué tout motif stratégique et impérialiste, était, nous en étions assurés, uniquement mue par l'idée du devoir envers la Ligue des Nations. La question de mandats pour les possessions allemandes en Afrique, en Australasie, juste et incontestée, ne suscitait pas de commentaires, mais il en était autrement du cas relatif à la Palestine qui détenait un monopole de lumineux relief politique. La réalisation d'un foyer national pour les Juifs était représentée par la propagande sémite comme une manifestation de la volonté de Jehovah qui venait d'inaugurer le millénaire avec le retour d'Israël à la Terre Promise sous les auspices de la branche de langue anglaise du peuple choisi de Dieu, idée particulièrement répandue aux États-Unis et non moins populaire en Angleterre, bien que pour des raisons absolument différentes.

« Secondez le plan de Jehovah en faveur de Sion », disait la Juiverie aux Anglais, « vous aurez votre base navale et des sources d'huile à Kirkuk avec le pipeline à Haïfa comme aussi la route directe des Indes et la clé de l'Égypte. Quant à nous, nous ne demandons pas autre chose que l'autorisation de vivre en paix dans notre foyer national ». La Grande-Bretagne vit dans le mandat en Palestine une « issue parfaite » et s'y raccrocha, mais quand elle députa son impeccable Balfour pour endosser la déclaration ambigüe et non compromettante qui porte son nom, elle avait compté sans son hôte. *Le vrai moyen d'être trompé*, a dit La Rochefoucauld, *c'est de se croire plus fin que les autres*. Balfour signa pour la Grande-Bretagne un blanc-seing qui ne pouvait jamais être honoré, et en vertu duquel les détenteurs ont toujours depuis pressuré le signataire.

Survint alors la Conférence de la paix et l'inauguration à Genève de la Ligue des Nations qui, d'après le *Guide Sampter du Sionisme*, page 21, « est une vieille idée juive » comme d'ailleurs le mandat britannique en Palestine, sur lequel les Juifs exercent un contrôle absolu, en laissant à l'Angleterre tous les frais d'administration, y compris la construction de routes, de chemins de fer et de docks, l'entretien d'une police conforme, et chose pire que tout le reste, le maintien d'une armée d'occupation ne comprenant pas moins que 18 bataillons, 2 régiments de cavalerie et l'artillerie, plus des troupes auxiliaires et des chars de combat. Ayant achevé son objet, la Juiverie machina l'abdication de Woodrow Wilson et la retraite des États-Unis, qui répudièrent toutes ces intrigues, en laissant à la France et à l'Angleterre la pleine responsabilité et l'odieux de comprendre la « *livre de chair* » de Sion dans les réparations exigées de l'Allemagne, réparations qui sur la base primitive en or de la livre sterling non comprise la valeur des colonies perdues, ne s'élevèrent à pas moins de £2.400.000.000.

* * *

Les chapitres précédents constituent une introduction et une explication fondamentales essentielles pour la compréhension propre de l'histoire contemporaine de l'Orient, sans laquelle la situation critique en Palestine serait absolument inexplicable.

Ce qui suit est un exposé rapide des circonstances et des événements qui ont déterminé la politique anglaise dans le Levant, et dont la crise actuelle en Palestine est l'inévitable résultat.

Trois événements primordiaux constituent le fondement sur lequel reposent les États modernes substitués aux provinces asiatiques du Padischa, aussi bien que l'instrument avec lequel ces États se sont développés dans les conditions où ils se trouvent aujourd'hui. Dans l'ordre chronologique, et non selon leur importance, les trois événements sont les suivants :

1. Les machinations anglo-chérifiennes, conspiration et traité secret, ayant pour résultat la reconnaissance et la déclaration par la Grande-Bretagne de l'indépendance arabe.
2. a) Le traité secret de Londres en 1915.
   b) Le traité secret anglo-franco-russe « Sykes-Picot ».

3. Le traité secret anglo-juif et la déclaration de Balfour.

Chacune de ces trois conventions est essentiellement contradictoire et diamétralement opposée aux deux autres. Toutes sont des négations positives ou des annulations d'une autre, de sorte que l'existence réelle de plus d'une d'elles à un moment donné est une absurdité, et il était inévitable que l'essai d'harmoniser trois actes en tel désaccord dût provoquer une cacophonie politique. Cependant, une conciliation entre les trois traités n'a jamais été envisagée. Ils ont été établis et développés dans un rigoureux secret et à longs intervalles. Aucun de ceux dont les intérêts étaient affectés par un traité particulier n'a soupçonné l'existence de son précédent, et tous les trois ont été conçus traîtreusement, et menteusement soutenus. Il n'existe rien d'original les concernant. Ils ont leur contrepartie dans l'office de chaque fondateur de compagnie frauduleuse, dont la première filouterie consiste à en nécessiter une troisième et ainsi indéfiniment, jusqu'à ce que finalement il soit vaincu et amené à récolter les fruits de sa propre duplicité.

La situation en Orient est critique parce qu'elle est chaotique, et ce chaos est dû à la politique qui trouve son expression dans trois contradictions fondamentales citées plus haut ; c'est pourquoi elle est divisée contre elle-même et ne peut subsister, mais elle aura déchaîné l'enfer sur terre avant de disparaître.

2ème **PARTIE**

LA SAINTETÉ DES TRAITÉS

CHAPITRE IV

LES MACHINATIONS ANGLO-CHÉRIFIENNES, CONSPIRATION ET TRAITÉ SECRET

IL y a près d'un siècle, une « Société Nationaliste » arabe était lancée à Beyrouth par une poignée d'hommes de lettres du pays, renforcée par toute sorte de rebuts étrangers, quelque chose comme une lointaine assimilation avec les États-Unis, et des associations similaires naquirent dans chaque centre à travers la Syrie. Bien que chacune revêtit une forme locale, elles étaient essentiellement « hostiles au gouvernement ». Ces petits groupes prospérèrent dans la suprême adoption de la politique de café durant le vaste déclin et la chute d'Abdul Hamid, et ayant survécu, les Jeunes Turcs bruyants continuaient à comploter entre le café et les cigarettes, quand la guerre éclata.

Ce soi-disant « Mouvement National Arabe », qui n'était pas un mouvement et qui n'avait de national que le nom, n'est nullement un précédent du mouvement national arabe qui se développe actuellement en Palestine et ailleurs, mais n'est que son antécédent chronologique.

Le premier exprimait les vaniteuses aspirations d'effendis juvéniles, de patriotes irrédentistes « à gros bec » et autres éléments intransigeants, qui, entre les mains d'agitateurs professionnels, auraient pu convertir chaque vilayet syrien en une Irlande turque, tandis que le second démontre un réveil général de conscience de la race et du sentiment national dans les provinces de langue arabe de l'ancien Empire ottoman.

La véritable histoire de la révolte arabe ne sera probablement jamais écrite. Il en restera une variété de versions « authentiques » parées de riches couleurs, et dont la variété se modifie en substance selon les prédilections de leurs auteurs respectifs. Chaque question présente deux côtés : celle-ci en offre au moins trois, dont deux (les points de vue anglais) sont en opposition. Le premier peint le « Colonel » Lawrence en super-Scheik traditionnel de Hollywood ou en Lohengrin arabe, menant « l'armée arabe » à la victoire contre le flot des légions ottomanes, tandis que les troupes d'Allenby donnent un statut officiel et un certain vernis à des procédés quelque peu in-orthodoxes. Selon l'autre version, Allenby serait le véritable et unique héros de l'aventure, tandis que les hordes de Lawrence ne forment que l'arrière-garde. La version arabe ne concorde avec aucun de ces extrêmes, bien qu'elle mentionne la défaite des armées turques par les Arabes, mais sous leurs propres chefs, bien entendu.

On possède en outre les histoires officielles anglaise, française et italienne, avec les nombreuses versions sur la part jouée dans cette campagne par leurs contingents respectifs, ainsi que des récits allemands, turcs et neutres, tant officiels que non officiels. Mais si au cours du temps un verbiage louche et sans suite a dénaturé l'histoire de la campagne de Syrie elle-même, quelle chance le nouveau problème, infiniment plus compliqué et politiquement sinueux, a-t-il d'être compris ? Près d'un quart de siècle s'est écoulé depuis l'origine de l'*imbroglio* anglo-arabe, qui prit naissance dans des circonstances obscures et douteuses, et qu'un amas d'interprétations fausses a rendu pratiquement inintelligible. Le problème anglo-arabe est insoluble sous sa forme présente. Il n'existe pas d'issue à l'impasse, parce que les principes gouvernant les relations entre le gouvernement britannique et les Arabes de Palestine sont fondamentalement erronés, erreurs auxquelles un verbiage politique ou la suppression ne peuvent donner la juste note.

Le premier mouvement politique officiel partit, non de la Mecque, mais de Londres, et fut inspiré par l'instinct de préservation de soi-même qui créa chez le gouvernement britannique un désir prédominant de défaire le Turc à tout prix, trois mots qui expliquent l'attitude, autrement inexplicable, adoptée au cours des 23 dernières années par la Grande-Bretagne à l'égard de l'Orient en général, et envers la Palestine en particulier. Bien que *casus necessitatis*, c'est là le noyau de toute action par laquelle on cherche à atténuer le crime, et un pareil prétexte peut dans certaines circonstances réussir à adoucir le châtiment. Il ne trompe personne et n'est jamais une justification, mais seulement une admission que ceux que le démon dirige adoptent comme leur étant propre. La raison apparente de force majeure donnée laisse à supposer la défaite, chose qu'un gouvernement non responsable peut se permettre impunément, et la grand-mère des parlements sait mieux comment agir là où des félons eux-mêmes craignent de se lancer.

Le gouvernement britannique n'a pas besoin de justifier ou d'expliquer les tromperies successives accumulées dans la déclaration de Balfour ; ses conseillers légaux y pourvoient. En s'attachant rigoureusement à la lettre de la loi, leur correspondance s'entoure d'échappatoires légales, chaque déclaration est habilement grossie ou rendue anodine par une phraséologie maniable, le gouvernement étant effectivement assuré contre tout cas désobligeant, longtemps avant qu'il ait commis des crimes politiques. Concernant ses manières de faire avec les Arabes, le gouvernement n'est pas sauvegardé par quoi que ce soit qu'il ait dit ou par ce qu'il a entrepris de faire ou de ne pas faire, mais au contraire les choses vraiment essentielles qu'il a si intentionnellement omis de mentionner tout à fait, et l'absence de particularités essentielles n'apparaît nulle part plus manifestement que dans les soi-disant lettres de Mac Mahon, dont le résumé qui suit révèle la véritable nature.

*   *   *

Les pourparlers anglo-arabes ne présentaient rien d'anormal. Leur pire aspect était la caractéristique d'une diplomatie orthodoxe, dont le mépris induré pour les soi-disant sainteté et inviolabilité des traités n'est jamais plus éloquemment exprimé que dans les actes de ses représentants les plus attitrés. Toutefois, le fait que l'honneur est chose inconnue aux hommes politiques de sac et de corde n'explique pas l'incroyable défaut d'habileté professionnelle des promoteurs de traités de l'Entente dans la préparation et l'exécution de plans qui, ainsi que le démontrera clairement le résumé suivant, furent de leur part un chef d'œuvre de rudesse primitive et de duplicité.

Entre le mois d'août 1914 et le mois d'avril 1915, l'Entente avait fait des efforts désespérés, avec une prodigalité de paiements en argent comptant et de non moins extravagantes promesses, pour amener l'Italie de son côté dans la guerre. Ces efforts atteignirent leur point culminant avec la Convention de Londres, conclue en avril 1915 entre l'Angleterre, la France et l'Italie, avec des clauses secrètes par lesquelles les trois puissances s'entendaient sur le partage des dépouilles de la guerre. Ce traité secret fut le facteur déterminant qui entraîna l'Italie dans la guerre un mois plus tard. Les termes du traité promettaient à l'Italie (outre le Trentin, Trieste, la Dalmatie, l'Albanie avec Valona, etc.......) pratiquement toute la région maritime de l'Asie Mineure au sud de Smyrne, y compris la province entière d'Adalia.

Juste une année après, le 16 mai 1916, une convention secrète fut conclue entre l'Angleterre, la France et la Russie, convention connue sous le nom de Sykes-Picot, et dont les clauses stipulaient le partage de toute la Syrie, de l'Irak et de parties considérables de l'Anatolie entre la Grande-Bretagne et la France. Maintenant que l'Italie, devenue leur partenaire un an auparavant, n'était plus pour elles une source d'inquiétude, les deux puissances décidaient de passer outre et de s'attribuer les dépouilles à elles-mêmes.

Encore un an plus tard, au mois de mars 1917, l'empereur Charles d'Autriche faisait à la France des ouvertures de paix, et par la France, à la Grande-Bretagne, mais en laissant soigneusement de côté l'Italie.

Le 11 avril 1917, le président du Conseil français, M. Alexander Ribot, divulguait la démarche secrète de l'empereur auprès de M. Lloyd George, qui insista pour que le Ministre italien des Affaires étrangères, le Juif Sonnino, participât à la proposition. Dans sa lettre, l'empereur se déclarait prêt à céder le Trentin de langue italienne, mais pas davantage, et il était évident que lui demander la cession de Trieste (déjà promise à l'Italie en 1915 par la Convention de Londres) ferait échouer les pourparlers de paix. D'autre part, l'Italie, à en croire Ribot, se montrerait également obstinée, mais M. Lloyd George en savait plus long. Il était si ardemment désireux de saisir cette opportunité manifeste, qu'il parvint à se persuader à lui-même, mais non à son collègue français, qu'il serait seulement nécessaire de mettre Sonnino en présence des faits pour l'amener à oublier les revendications de l'Italie et à y renoncer. Toute obstination de la part de Sonnino serait surmontée, pensait-il, en lui offrant Smyrne en place de Trieste. En conséquence, une Conférence se tint le 9 avril 1917 à St. Jean de Maurienne entre Lloyd George, Ribot, Sonnino et le Premier italien, Boselli, ainsi qu'avec l'ambassadeur de France à Rome, Barrère. Une atmosphère lourde, engendrée par une mutuelle méfiance, régnait sur la réunion, dont le ton était celui d'une partie de poker où chaque joueur soupçonne l'autre d'avoir une carte au moins dans sa manche, et cela non sans une bonne raison. Seul, M. Lloyd George savait ce qui avait transpiré de sa récente entrevue secrète à Paris avec l'émissaire de l'empereur Charles, mais en dépit de son arsenal diplomatique, le Premier britannique fut complètement manœuvré et mis hors de combat par les Italiens, venus à la conférence sur leurs grands chevaux pour dominer la situation du commencement à la fin.

L'Italie ressentait vivement le dédain marqué par l'omission de l'Entente en ne l'invitant pas à participer au traité Sykes-Picot entre l'Angleterre, la France et la Russie, surtout à un moment où l'Italie elle-même était membre de l'Entente ! L'excuse officielle pour cette omission avait été qu'à l'époque de la signature du traité, le 16 mai 1916, l'Italie ne s'était pas encore déclarée contre l'Allemagne comme elle avait l'intention de faire et ne le fit que trois mois plus tard, c'est à dire le 27 août. Comme compensation pour le dédain et comme indemnité pour la perte de ce qu'elle considérait comme ses justes acquisitions en Syrie, l'Italie avait réclamé Smyrne avec une telle insistance, que M. Lloyd George décida de lui donner satisfaction, décision demeurée rigoureusement secrète entre le Cabinet français et le Cabinet britannique, jusqu'à ce que, juste avant la Conférence de Saint-Jean de Maurienne, une fuite résultant d'une « indiscrétion » d'un ministre du Cabinet français mit l'ambassadeur d'Italie à Paris en état d'informer Boselli et Sonnino de la décision de l'Entente d'abandonner Smyrne à l'Italie, en compensation de sa mise à l'écart dans le traité Sykes-Picot.

Fort de cette information, Sonnino n'eut pas de peine à là, faire confirmer par Lloyd George et par Ribot. Il est vrai que sans un mot d'avis préalable, Lloyd George tira de son casier à dépêches une carte sur laquelle était nettement tracée la zone que la Grande-Bretagne avait consenti à reconnaître comme appartenant à l'Italie, mouvement inattendu qui mit complètement Ribot hors de ses gardes, ignorant qu'il était de l'existence de cette carte. Toutefois, ce fut le tour de Lloyd George d'être convaincu de folie, lorsque son truc de conjurateur fut éclipsé par Sonnino, qui sortit de son portefeuille une autre carte reçue du Ministère britannique des Affaires étrangères, carte qui ne donnait pas Smyrne à l'Italie, mais lui attribuait d'autres régions favorables, omises sur la carte de M. Lloyd George. Sonnino ne laissa pas échapper l'occasion : « Je vais, annonça-t-il solennellement, tirer des deux cartes ce que chacune marque d'avantageux pour mon pays ». Et il demanda en outre que le cercle tracé autour de Smyrne sur la carte de M. Lloyd George fût considérablement élargi. Seul, Ribot intervint pour protester que Mersina, attribuée à la France une année auparavant par la Convention Sykes-Picot, avait été comprise maintenant dans la zone italienne et Sonnino n'insista pas.

Mais Lloyd George et Ribot s'étaient rendus à St. Jean de Maurienne pour offrir Smyrne à Sonnino, non pas à titre gracieux, mais en considération de l'abandon de Trieste, et voilà que Smyrne avait été maintenant cédée à l'Italie sans lutte et sans condition. Lloyd George, sur l'initiative duquel la conférence avait eu lieu, avait trouvé son maître et était pris au mot quant au traitement de cette question de première importance, de même que Ribot circonvenait Sonnino dans ses considérations sur la politique que l'Entente pouvait trouver expédient d'adopter dans le cas de propositions de paix de l'Autriche.

Ribot avait résolument poussé la question, lorsque Sonnino exalta son propre mérite en déclarant avec emphase qu'exiger de lui de céder quoi que ce fût de ce que la Convention de Londres avait concédé à l'Italie, équivalait tout simplement à exiger l'abandon de son poste et l'abdication du roi d'Italie. « Nous avons, pro-testa-t-il énergiquement, embarqué l'Italie dans la guerre quand elle aurait obtenu la plupart de ce qui avait été promis à la Convention de Londres en demeurant seulement neutre. Nous ne nous pardonnerions jamais d'avoir sacrifié quelque chose de ce qui nous a été garanti ».

M. Lloyd George était totalement réduit au silence et la conférence n'aboutit à rien, car il n'y fut jamais fait mention de l'offre de paix de l'empereur Charles. Le cas de Sonnino, qui était sans réplique, présentait une analogie frappante avec celui du roi Hussein, mais tandis que Sonnino sut comment employer la menace, les inoffensives protestations d'Hussein demeurèrent sans valeur.

Pour résumer cette série remarquable d'événements : L'Italie, la partenaire du mois d'avril 1915, flattée et enjôlée par l'Entente alors que sa collaboration était avidement recherchée, n'est pas plus tôt entrée qu'elle est mise à l'écart et délibérément exclue du traité anglo-franco-russe Sykes-Picot de 1916. Et maintenant, en moins d'une année, la Russie, n'étant plus en état d'agir efficacement, est mise de côté dans la conspiration anglo-franco-italienne de St. Jean de Maurienne en 1917.

A son retour à Paris, Ribot, venant au secours de l'Entente, prit soin d'adresser à Milioukoff, Ministre russe des Affaires étrangères, des excuses analogues à celles faites à l'Italie pour son exclusion du traité Sykes-Picot en 1916. Ribot assura Milioukoff que les intérêts de la Russie avaient été pris en considération et que rien de définitif ne serait fait sans elle. Milioukoff, qui connaissait la valeur de ces assurances, fut énormément contrarié et laissa clairement entendre que la Russie ne consentirait pas à l'acquisition de Smyrne par l'Italie ; sur quoi Sonnino demanda que l'Angleterre, la France et l'Italie conclussent un accord à trois sur Smyrne sans la Russie, tout comme il avait été fait une année auparavant (en mai 1916) par l'Angleterre, la France et la Russie sans l'Italie. La France refusa, et Sonnino suggéra alors à l'ambassadeur français à Rome de traiter le problème de Smyrne comme faisant partie intégrale de la question grecque, mais il laissa tomber l'affaire en raison de la protestation de Ribot.

Après tout cela, le sort de Smyrne demeura en suspens jusqu'à ce que Sonnino fît une *volte-face* complète, en laissant la libre « disposition » de cette ville à M. Lloyd George, qui, avec le consentement de la France, la passa immédiatement à M. Venizelos. Cela entraîna son occupation par l'armée grecque sous le roi Constantin, occupation encouragée et soutenue par M. Lloyd George et par Sir Basil Zaharoff, laquelle détermina l'invasion de l'Anatolie, sur quoi elle fut promptement et ignominieusement repoussée par Mustapha Pacha Kemal, Smyrne prise sous le feu et totalement dévastée pendant la fuite précipitée des Grecs.

Lloyd George trouva là son Waterloo, car bien que la France eût en apparence consenti à l'occupation de Smyrne par le corps expéditionnaire grec, elle soutenait en réalité la Turquie dans l'accomplissement de la débâcle de sa bête noire, M. Lloyd George. En 1921, le Ministre français Franklin-Bouillon, chauviniste ardent et anglophobe, conclut avec Mustapha Kemal un traité « à part », en vertu duquel l'armée turque était entièrement rééquipée et réarmée par la France avec le résultat qu'une année plus tard, les Grecs furent chassés de l'Asie Mineure et qu'en même temps Lloyd George était chassé de Downing Street par ordre des conspirateurs du Carlton Club.

C'est ainsi que les hommes d'État à la tête des grandes démocraties montrèrent leur respect pour la sainteté des traités, pour ces principes inviolables d'actes engageant l'honneur entre nations chrétiennes civilisées ; et pour eux l'idéal suprême, dont la réalisation devait résulter d'une victoire de l'Entente, consistait à rendre le monde mûr pour la démocratie !

Grâce à cette inévitable et ennuyeuse digression pour illustrer le degré de moralité qui régit le code politique de « civilisation chrétienne démocratique », nous pouvons passer aux pourparlers anglo-arabes, dont la tendance et l'esprit deviennent manifestement clairs, quand on les examine dans l'atmosphère viciée au milieu de laquelle ils furent débattus.

*　*　*

Au mois de février 1914, l'émir Hussein, Grand Chérif de la Mecque, députa son fils Abdullah auprès de Lord Kitchener au Caire afin de savoir ce que ferait l'Angleterre, si les Arabes de l'Hedjaz se soulevaient contre les Turcs. Kitchener répondit aussitôt qu'en toute circonstance, l'Angleterre n'interviendrait pas dans une dispute quelconque entre la Porte et l'Hedjaz.

A la fin du mois de septembre 1914, six semaines avant que la Grande-Bretagne et la Turquie fussent en guerre, Kitchener alors ministre de la guerre dans le cabinet Asquith, fit une démarche analogue à celle faite par Hussein sept mois auparavant. Il donna à l'agence anglaise au Caire des instructions pour s'informer auprès d'Abdullah si, dans le cas où la Turquie entrerait en guerre comme alliée de l'Allemagne, son père le Grand Chérif prendrait parti pour la Turquie ou pour l'Angleterre. Ces deux mouvements, qui étaient de purs ballons d'essai, provoquèrent des réponses pareilles. Hussein, pour qui n'existait pas de moyen terme, avait à faire face à deux alternatives : ou bien se tenir au sultan, et en gagnant sa confiance et sa reconnaissance, récolter une juste récompense, ou bien se rebeller et combattre pour l'indépendance souveraine de l'Hedjaz et, si possible, d'autres États arabes, quitte à périr dans l'entreprise. Des demi-mesures étaient hors de cause.

Les conseillers d'Hussein, ses fils Feisal et Abdullah étaient d'avis opposés. Feisal se prononçait énergiquement pour la loyauté envers le Padischa. Il laissait percer une profonde méfiance à l'égard des intrigues politiques de l'ouest et considérait comme certain que la France jetait ses vues sur la Syrie, et l'Angleterre sur la Mésopotamie. Il savait toutefois que celui qui souperait chez l'Entente en ferait surgir le diable attrapé avec une grande cuillère, et que celui-ci enduirait les Arabes de son vernis. En outre, la démarche de Kitchener n'était après tout qu'une enquête, et si même ils avaient manifesté le désir d'entrer en rébellion ouverte contre la Turquie (et il n'existait pas de raison de supposer qu'ils le fissent), les Arabes n'étaient pas en état de le mettre à exécution.

D'un autre côté, Abdullah, membre de la société secrète « Jeunesse Arabe », était rempli de la foi dans le zèle révolutionnaire que couvrait le mouvement nationaliste arabe. Il conseilla à son père de ne pas rejeter, mais de suivre les questions de Kitchener, afin de découvrir ce qui se cachait derrière. Hussein, quoique d'accord dans l'ensemble avec Feisal, sentit qu'il y avait quelque chose à dire en faveur de la suggestion d'Abdullah, et en conséquence chargea celui-ci d'informer l'Agence du Caire qu'il était prêt à une entente avec la Grande-Bretagne à condition d'être assuré de l'assistance effective de cette dernière. La réponse parvint à Kitchener à Londres à la fin du mois d'octobre 1914 en même temps qu'un message (expédié en toute indépendance) de Sir John Maxwell G.O.C. en

Egypte, disant : « Je pense que les Arabes de la Mecque et du Yémen peuvent être abordés et décidés contre les Turcs ».

Kitchener répondit immédiatement par une intention effective d'assister Hussein et les Arabes en général, s'ils se déclaraient pour l'Angleterre contre la Turquie. Dans sa lettre, Kitchener **laissait entendre** que dans le cas où il serait proclamé calife, Hussein pourrait compter sur sa reconnaissance par l'Angleterre, et parlait de l'émancipation des « Arabes » et de la « Nation Arabe », expressions qu'Hussein interpréta à la lettre et sans équivoque comme signifiant les Arabes, et non tel tribu ou tel État particuliers.

Ce message de Kitchener dont le prestige en Orient surpassait celui de n'importe quel Européen y vivant, et dont la parole faisait loi, décida définitivement Hussein à renoncer aux vues de Feisal pour adopter celles d'Abdullah, qui, dans sa réponse à Kitchener, engageait formellement son père à une alliance secrète avec la Grande-Bretagne, association cependant, comme Abdullah le faisait clairement entendre, dans laquelle Hussein serait obligé pour le moment de restreindre son activité à voiler les préparatifs ; ainsi se clôtura la première phase des pourparlers anglo-arabes.

※ ※ ※

Ce préambule fut suivi d'un intervalle de huit mois, de décembre 1914 à juillet 1915, pendant lequel des incitations timides et ambigües à l'action avaient été adressées à Hussein par Sir Francis Wingate, Sirdar et gouverneur général du Soudan, auquel Hussein dépêcha finalement des émissaires chargés de s'informer de ce que Wingate était exactement en état et en volonté de faire. En attendant, le fils du chérif, Feisal, s'était rendu à Damas, où comme résultat de son initiation aux idéals nationalistes syriens, il abjura ses sympathies pro-turques et se fit enrôler dans la société secrète « Jeunesse Arabe » dont les branches militaires et civiles avaient réuni leurs forces à Damas pour promulguer la rébellion, seul objectif dont on pouvait obtenir la reconnaissance de droits nationaux et une mesure d'autonomie pour les sujets arabes du sultan dans un « foyer national » jouissant d'un statut territorial comme communauté fédérale des États arabes avec l'Empire Ottoman. La révolte visait à restreindre la souveraineté de La Porte sur les Arabes, exactement comme en Australie un mouvement semblable avait poussé ces États à tirer avantage de la situation difficile de l'Angleterre durant la guerre sud-africaine, pour proclamer leur indépendance nationale et leur autonomie politique comme communauté fédérale avec l'Empire britannique.

Mais tandis que l'immunité d'interférence de l'Australie par le gouvernement britannique pendant la guerre sud-africaine mettait ses États fédéraux en situation de parfaire leur indépendance sans obstacle, la plupart des États arabes étaient soumis directement ou indirectement au contrôle civil et militaire de la Turquie. En outre, la rébellion avait en vue le renversement de l'autorité du sultan en tant qu'elle était absolue et opposée à l'octroi aux Arabes, même dans une mesure restreinte, d'une autonomie nationale ou d'un statut gouvernemental sous la juridiction de la Porte. Mais les têtes les plus chaudes parmi la « Jeunesse Arabe » n'avaient jamais envisagé l'ébranlement de la Turquie devenue simplement la vassale de la France et de l'Angleterre. Le Turc les connaissait ; il était devenu docile avec les siècles et tolérant envers ceux dont il comprenait les voies, et dont il professait la religion, bien que ne la pratiquant pas toujours. Pendant quatre cents ans, gouvernants et gouvernés avaient vécu côte à côte, pas toujours en harmonie ou même en paix, mais comme des partenaires dont les différences étaient chaque fois lentement raccordées, et entre lesquels existait un lieu d'amicale parenté.

A une réunion du Comité de la Société de la Jeunesse Arabe, tenue un peu après l'éclatement de la guerre, il fut résolu « de ne négliger aucun effort en vue d'assurer l'indépendance des provinces arabes de l'Empire ottoman ». **Mais** dans le cas d'une visée européenne **paraissant en voie de matérialisation**, contre ces provinces, la Société de la Jeunesse Arabe s'engageait à soutenir de toute façon la Turquie dans sa résistance à la pénétration étrangère.

Les sympathies turques de Feisal étaient inspirées, non par un égard quelconque pour la Turquie, mais par des motifs identiques à ceux qui avaient enflammé l'ardent nationalisme de la Jeunesse Arabe, à savoir, la crainte de l'Europe. Feisal et la Jeunesse Arabe hésitaient à manifester hautement leur commun désir, retenus qu'ils étaient d'agir définitivement contre la Turquie uniquement par crainte des desseins de la Grande-Bretagne, de la France, de l'Italie et de la Russie en face des provinces arabes, crainte qui n'était que trop réelle et pleinement justifiée à la lumière des événements qui suivirent. Les Arabes désiraient une complète indépendance ou l'autonomie avec l'Empire ottoman, et à défaut de l'une ou de l'autre, le maintien du *statu quo*. Dans certaines circonstances, ils eussent admis d'échanger leurs gouvernants turcs pour un autre, et il est certain qu'ils eussent vaillamment combattu en aidant la Turquie à résister à la domination et à l'exploitation de leur pays contre les étrangers. Le moindre doute n'a jamais existé à cet égard. Les Sociétés de la Jeunesse Arabe s'étaient mises d'accord pour ne pas lever un doigt contre La Porte avant d'être définitivement assurées que la souveraineté de la Turquie ne serait pas remplacée par celle de quelque puissance européenne, et si cette assurance venait à leur manquer, loin de se livrer à une hostilité quelconque envers La Porte, elles étaient au contraire résolues à sauvegarder leurs propres intérêts en assistant le sultan dans la défense des provinces arabes contre l'invasion étrangère. Feisal, qui était entièrement d'accord avec cette politique, avait apporté aux dirigeants de la Jeunesse Arabe la première nouvelle de la proposition de Kitchener et de l'effet que cette proposition avait produit sur le chérif Hussein.

En conséquence, la Jeunesse Arabe esquissa un projet d'accord spécifiant les termes précis de leur coopération éventuelle avec la Grande-Bretagne contre la Turquie. Ce mémorandum ou **Covenant de Damas**, dont les termes, selon l'avis de ses auteurs, étaient aussi modérés qu'à peine justificatifs d'une rébellion, stipulait :

La reconnaissance par la Grande-Bretagne de l'indépendance des pays arabes rigoureusement conformes au quadrilatère
1. formé par la Syrie (de la frontière d'Egypte à Adana et Mersina au nord), l'Irak y compris Mossoul, et toute la péninsule arabe moins Aden.
2. L'abolition de tous les privilèges des capitulations.
3. La conclusion d'une alliance défensive entre la Grande-Bretagne et les États arabes souverains.

Et comme rémunération de sa partie à jouer dans cet accord unilatéral, l'Angleterre devait concéder à sa protégée la préférence économique !

L'extravagance outrecuidante de ces prétentions fournit la meilleure évidence possible, non seulement de la présomption ahurissante et du manque de sincérité de leurs auteurs, mais aussi du fait que les Arabes ignoraient totalement une circonstance présente ou en suspens qui menaçait de déchirer leur pays et de le partager entre les Européens et les Juifs. La moindre des choses dont ils eussent idée était qu'en favorisant la désintégration de l'Empire Ottoman, ils serviraient eux-mêmes à paver la voie pour une division suprême des provinces arabes de l'Empire entre les « libérateurs désintéressés ». Si leur objectif était simplement de se soustraire coûte que coûte à la domination turque en se soumettant volontairement à la tutelle européenne, ils se fussent exprimés en conséquence, au lieu d'adopter le chemin actuellement suivi. Mais la nature largement étendue et irréfléchie de leur extorsion témoigne clairement de leur propre évaluation de la valeur pour la Grande-Bretagne d'une coopération arabe, pour laquelle le prix demandé était l'indépendance, et pas une indépendance étroite. Le défaut de perspicacité des Arabes quant à l'importance de leur appui sous l'Entente est prouvé par le grand Jemal, qui a écrit :

« Si une révolte avait éclaté comme le résultat d'intrigues étrangères, il n'eût existé aucun moyen de la supprimer, et le gouvernement eût perdu tous ses territoires arabes ». Ayant juré de s'en tenir aux principes exposés dans le Covenant de Damas, les chefs de la Jeunesse Arabe chargèrent Hussein de leur servir d'interprète ainsi qu'à la nation arabe tout entière, et promirent à Feisal que si le chérif concluait un traité avec la Grande-Bretagne, sur la base de leur Covenant, les divisions arabes de l'armée ottomane en Syrie entreraient en rébellion ouverte contre la Turquie. Là-dessus Feisal retourna à la Mecque et mit son père au courant de ces faits.

* * *

Dans l'intervalle, les autorités britanniques avaient été occupées comme presque jamais encore. Le nouveau haut-commissaire nommé pour l'Egypte, Sir Henry McMahon et son secrétariat oriental, la direction militaire du service des renseignements au Caire et le Sirdar Sir Francis Wingate avaient tous travaillé fébrilement à détourner les effets de Jihad et à gagner en même temps l'appui et l'alliance des chefs musulmans les plus influents de l'Egypte et du Soudan, et ils n'avaient épargné aucune peine pour s'efforcer de leur persuader que leur salut résidait dans une alliance avec la Grande-Bretagne ; mais c'était une faute de faire une avance quelconque sans se convaincre une fois pour toutes de l'inutilité d'un essai pour attirer les Arabes sans leur donner des assurances définitives à l'égard de l'avenir politique de l'Arabie. C'était la condition indispensable pour un appel à la révolte. Les dirigeants musulmans en Egypte réclamaient des garanties d'indépendance pour leurs congénères de Syrie et de l'Irak, garanties qu'aucun Office britannique en Egypte n'était en état de leur donner.

Dans son désespoir, le clan officiel anglo-égyptien en appela à Downing Street, où comme résultat des objurgations de Wingate, assidûment appuyées par Kitchener, le Cabinet intérieur d'Asquith chargea McMahon de rédiger une proclamation contenant des assurances définitives concernant l'avenir de l'Arabie et du Califat.

Conséquemment, au mois de juin 1915, le décret du gouvernement britannique se propagea à travers l'Egypte et le Soudan, en Syrie et sur la côte de l'Arabie. Dans cette proclamation, la Grande-Bretagne promettait de reconnaître et de soutenir la péninsule arabe comme État arabe indépendant exerçant la souveraineté pleine et entière sur les Lieux Saints de l'Islam ! Ce document d'une incroyable niaiserie ne contenait rien qui satisfît les aspirations politiques des Arabes et rien qui apaisât les mauvais pressentiments de ceux que l'on prétendait éblouir, car la proclamation évitait avec emphase de se prononcer sur la demande essentielle des Arabes pour des garanties de la Grande-Bretagne comprenant la Syrie et l'Irak aussi bien que la Péninsule.

Ce fiasco mit fin à la tentative ou à la période sans résultat de négociations anglo-arabes. Depuis lors, elles sont caractérisées du côté anglais par l'évasion de politiciens bien pénétrés eux-mêmes de la maxime : Nécessité fait loi.

CHAPITRE V

LES MACHINATIONS ANGLO-CHÉRIFIENNES

(Suite)

*L*A période finale et définitive des pourparlers, qui marque le début du conflit anglo-arabe proprement dit, commence au mois de juillet 1915, par la correspondance entre le chérif de la Mecque et Sir Henry McMahon. L'année avait été riche en désastres, et les Alliés éprouvaient une amère désillusion. Sur le front occidental, une série de fautes tournaient à l'aigre, tandis qu'à l'est, de formidables et successifs coups de marteau avaient mis la Russie hors de combat. Après trois guerres et quatre années de luttes interrompues, le Turc avait pris lui-même l'initiative et menaçait maintenant le canal de Suez et même l'Egypte, où il supposait des forces anglaises considérables. Gallipoli tombait désastreusement, le grand Senussi et son allié le sultan du Darfour suscitaient des troubles. Les troupes ottomanes du Yémen avaient envahi le protectorat d'Aden et avaient chassé la garnison anglaise de Lahej devant eux à quelques milles d'Aden même, laquelle ville ne dut son salut qu'à l'arrivée opportune d'une brigade d'Egypte. Les forces de l'Entente se tenaient partout sur la défensive, et l'état de stagnation générale en Europe et en Orient coûtait à l'Angleterre cinq millions de livres sterling par jour, et financièrement la fin était déjà en vue.

Le besoin était tel, que l'Angleterre était prête à payer ou plutôt à promettre (et c'est là le truc) quoique ce fût à quiconque en échange d'une assistance, et c'est dans cet état d'esprit que le gouvernement de Mr. Asquith apprit la reprise des négociations avec le Caire par Hussein, qui s'étant entendu avec ses congénères sur la base du Covenant de Damas, avait adressé à Sir Henry McMahon une lettre, le premier des documents diplomatiques constituant ce que l'on connaît aujourd'hui sous le nom de correspondance McMahon.

Dans sa lettre basée sur le Covenant de Damas, Hussein se prononçait en termes précis et sans ambiguïté pour l'intervention arabe, dont le noyau était une indépendance absolue garantie par la Grande-Bretagne contre toute influence étrangère, même des capitulations, et pour une **Alliance** anglo-arabe. Il s'étendait sur la résolution des Arabes d'acquérir l'indépendance politique, et spécifiait les conditions dans lesquelles ils étaient disposés à conclure une alliance avec la Grande-Bretagne dans le but bien défini d'obtenir cette indépendance. Toutefois, la clause du Covenant de Damas établissant clairement les frontières de l'État arabe projeté, était textuellement renfermée dans la lettre. En outre, Hussein stipulait sa reconnaissance comme calife par la Grande-Bretagne, dans le cas où un autre Arabe serait proclamé à ce titre, et aussi que les clauses du Covenant concernant l'assistance mutuelle demeurassent valides pendant quinze ans ou plus longtemps encore. Après s'être ainsi exprimé lui-même de cette façon catégorique, Hussein demandait que l'acceptation définitive ou le rejet des termes de sa lettre lui parvinssent dans un délai de trente jours. Il y avait là un exposé parfaitement loyal de faits écartant tout soupçon d'ambiguïté ou d'échappatoire, et auxquels il était impossible d'attribuer le moindre dessein caché ou quelque motif ultérieur. Dans cette lettre à McMahon, Hussein se montre franc et naturel autant qu'explicite et compréhensible ; il ne laisse prise ni à l'imagination ni à la chance. L'esprit de sa lettre a en substance la limpidité du cristal : puisse-t-on en dire autant de la réponse de McMahon.

* * *

En ce qui concerne les deux principaux personnages figurant dans cet échange de lettres, il est essentiel de rappeler qu'Hussein était en fait le chef et le représentant élu de ceux dont il se faisait l'interprète, et envers lesquels il était seul directement responsable, tandis qu'au contraire McMahon, simple exécuteur des ordres de son supérieur immédiat en charge, n'était que le réflecteur, ou tout au plus l'amplificateur, mais jamais l'initiateur de la politique de son gouvernement.

En dépit de la faillite complète de la récente proclamation de McMahon, le Ministère des Affaires étrangères nourrissait la croyance qu'on aveuglerait les Arabes avec des réponses évasives sans compromission et de vaines, promesses. En conséquence, il chargea McMahon de satisfaire Hussein à tout prix sans engager le gouvernement britannique comme devant soutenir l'indépendance arabe. McMahon avait à laisser entendre et même à promettre, mais ne devait se lier à aucun prix, le Ministère des Affaires étrangères sachant parfaitement combien il serait difficile pour lui de se libérer impunément de ses garanties.

Mais pourquoi cela ? Pourquoi le gouvernement britannique montrait-il tant de répulsion à faire le plongeon, si mal disposé qu'il fût à envisager les faits et à agir honorablement ? Pourquoi faire fi d'un meilleur jugement, en dépit de sa situation désespérée, et persister dans la croyance naïve qu'il pourrait gagner les Arabes par de vaines promesses sans se ranger aux termes exprimés par Hussein ? Pourquoi s'imaginer que les Arabes seraient après tout amenés par déception à regarder le futile pseudonyme de « Péninsule arabe » comme synonyme de « Pays des Arabes ? » Le fait est que cela ne se produisit pas. Le Ministère des Affaires étrangères était parfaitement au courant de toutes les circonstances de ce cas, mais il savait bien, si ce n'est peut-être mieux, avec qui il aurait à compter plus tard pour un faux pas fait maintenant. Il savait, comme le sait chaque enfant vraiment sensé, que promettre l'impossible est courir à un désastre, mais il se rendait compte qu'agir honorablement dans ce cas équivaudrait à dévoiler les faits, ce qui signifiait le rejet *en totalité* des termes d'Hussein, et la chose était hors de question.

Les Arabes demandaient ce que refuserait le gouvernement britannique. Le « Pays des Arabes » c'est à dire celui habité en Asie par la race arabe, ne serait jamais une entité politique. La « Péninsule arabe » méridionale, l'Arabie déserte, consistait surtout en États arabes autonomes, dont la Grande-Bretagne était prête à assurer l'indépendance permanente, mais toute la partie septentrionale, « l'Arabie heureuse » la Syrie, l'Irak et même une partie de l'Anatolie avaient été depuis longtemps attribuées à la France, à l'Italie et à l'Angleterre. Il était possible que le gouvernement britannique vînt à quelque arrangement pratique avec les Arabes eux-mêmes, mais ceux-ci n'étaient pas leurs propres maîtres ; ils avaient les mains et les pieds liés non seulement par de récentes obligations secrètes, mais aussi par de précédentes, et derrière elles veillaient avec un soin jaloux, sans pitié, la France d'abord, et derrière la France, Sion.

* * *

Pour suivre le développement des événements en Palestine, il est essentiel de se pénétrer, comme il a été dit préalablement, de la pensée que l'action se passait derrière la scène dans les chancelleries de l'Europe et des États-Unis, mais il est également important de ne jamais perdre de vue le principal fond historique. La récente acquisition de la Syrie par la France était une méthode de la politique étrangère française depuis longtemps reconnue par le Foreign Office, dont la concurrence demeurait un fait reconnu. Une armée française avait occupé la Syrie de 1799 à 1801. Trente ans plus tard, les Puissances aidèrent la Turquie à rejeter les envahisseurs égyptiens sous Ibrahim Pacha, uniquement dans le but de prendre eux-mêmes sa place comme régents de la Syrie, ainsi que la preuve en est fournie par le fait du refus de la France à la ratification du traité de Londres (15 juillet 1840), offensée qu'elle se trouvait au suprême degré de n'avoir pas eu la permission de continuer en permanence l'occupation militaire !

A peine les Egyptiens partis, des désordres sérieux éclatèrent dans le Liban comme résultat de l'activité d'agitateurs politiques français et anglais, qui fomentèrent des troubles entre Musulmans, Chrétiens et Druses, afin de fournir aux Puissances un prétexte à intervention dans les affaires de ces factions rivales, les Maronites papistes étant protégés par la France, et les Druses par l'Angleterre. Cette période de désordre chaotique fut suivie quelques années plus tard d'une paix relative, durant laquelle le centre de gravité politique se transféra à Jérusalem, où des querelles entre des factions chrétiennes au sujet de privilèges relatifs aux lieux dits Lieux Saints occupèrent les : Chancelleries européennes, et finalement déterminèrent la guerre de Crimée, dont l'origine provient d'une dispute entre les autorités ecclésiastiques grecques et latines au sujet de l'église de la Nativité à Bethléem.

La question était de déterminer l'ordre du passage par le bâtiment vers la grotte de la Nativité, située dans la crypte plus basse, les moines papistes possédant la clé de la porte principale de l'église et une des clés de chacune des deux portes de la Sainte Crèche, et de savoir qui pourrait en liberté placer dans le sanctuaire de la Nativité un étoile en or décorée des armes de France !

Se conformant aux instructions urgentes du légat pontifical en France, l'Empereur Napoléon III, Monsieur Lavalette, pressèrent le cas avec un tel succès à Constantinople, que le Patriarche Latin, au milieu d'une grande cérémonie, eut la permission de placer le brillant emblème de la domination française dans le sanctuaire de Bethléem et de recevoir en même temps la clé de la grande porte de l'église aussi bien que celles de la Sainte Crèche. Indigné de cet « outrage » à l'Eglise orthodoxe le tzar Nicolas 1er de Russie jugea nécessaire d'adopter des mesures de précaution en vue de soutenir les revendications russes et de neutraliser l'effet de l'intrigue politique française. Une de ces « mesures de précaution » fut d'expédier le 5ème corps d'armée aux frontières du Danube. Il en résulta la guerre de Crimée.

Lors de la conclusion de la paix, le sultan promulgua un décret reconnaissant la complète égalité devant la loi de toutes les croyances dans l'Empire Ottoman.

Mais que l'obtention de la liberté religieuse dans la Terre Sainte eût été l'objet publiquement avoué de la guerre de Crimée, sa réalisation comme résultat du firman du sultan ne satisfaisait nullement les ambitions des Puissances, et la période de tranquillité qui suivit ne fut pas de longue durée. Le 15 avril 1856, la Grande-Bretagne, la France et l'Autriche garantirent l'intégrité de l'Empire Ottoman, qui comprenait naturellement la Syrie, mais trois années plus tard, les mêmes Puissances, après une première quoique vaine agitation pour des réformes financières en Turquie, intervinrent diplomatiquement en Syrie sous prétexte de protéger les intérêts des catholiques romains à Damas. En vérité des intérêts religieux n'étaient en jeu ni à Damas, ni ailleurs en Syrie. Mais en vue de se ménager un ascendant politique, le clergé maronite, à l'instigation de la France, avait excité les paysans à la révolte, et les désordres en résultant aboutirent à une conflagration générale entre les Maronites et les Druses, soutenus respectivement par la France et par l'Angleterre. Le pays tout entier devint le théâtre de graves révoltes et de meurtres, qui atteignirent leur comble en 1860 avec l'effroyable massacre des chrétiens par les musulmans à, Damas. Onze mille personnes périrent et la propriété subit des destructions en proportion. Les principales victimes furent naturellement les protégés de la France, les missions catholiques et les Jésuites, qui eurent à supporter toute sorte d'outrages, dont le meurtre et le pillage n'étaient pas les pires.

L'effet de ce « coup » politique français avait dépassé les espérances les plus sanguinaires de ses auteurs et le résultat répondait au plan. Sous la protection des canons d'une flotte européenne devant les ports de la Syrie, les protestations franco-anglaises furent immédiatement suivies d'une intervention diplomatique, et comme résultat de la Convention de Paris, signée au mois d'août 1860, la France était autorisée à occuper la Syrie avec 12.000 hommes, dont 4.000 débarquèrent à Beyrouth le 22 août 1860, lorsqu'en vue d'apaiser les envahisseurs, les autorités turques à Damas procédèrent à de sauvages représailles, comprenant de terribles exécutions, et cela pendant plusieurs jours, de « responsables » officiels des démonstrations anti-catholiques. Comme suite, une commission politique anglaise vint à Damas et le Liban vit avancer les troupes françaises qui, au mois de novembre 1860, avaient effectué la « pacification » du pays, et qui furent retirées au mois de juin suivant après des discussions chaudes, prolongées, mais sans succès, concernant l'occupation permanente de la Syrie par la France.

« *Partant pour la Syrie* » fut un des *airs* les plus populaires en France sous le Second Empire, comme c'était le thème également le plus populaire dix jours avant la guerre. La France suspectait les intentions anglaises sur la Turquie d'Asie, et la Russie serrait de très près son alliée française. La méfiance jalouse de la France était telle, que deux années avant la Grande Guerre, des officiers anglais de grade inférieur venus en Syrie en simples touristes, avaient été l'objet d'un échange de notes diplomatiques, et qu'à l'instigation de Joseph Caillaux, qui avait lui-même visité la Syrie pour le compte de son gouvernement, le Quai d'Orsay prit à parti le Foreign Office pour avoir permis à des personnes à son service de « fouler les terres françaises en Syrie » et demanda une explication. Sur quoi Sir Edward Grey trouva expédient d'assurer Poincaré que la Grande-Bretagne n'avait aucun intérêt politique en Syrie, et ne réclamerait jamais de droits territoriaux dans ce pays. Puis le 21 décembre 1912, le Premier Ministre français fit du « démenti » de Grey l'objet d'une déclaration publique à la Chambre, où Poincaré donna l'assurance définitive que la France considérait la Syrie comme une terre française, et avait l'intention de la faire reconnaître et traiter comme telle par tous. Cette déclaration fut suivie d'autres manifestations de l'activité française, et de visites en Syrie d'hommes politiques et autres, qui confirmaient ouvertement l'affirmation catégorique de Poincaré.

Le sultan du Maroc, docile instrument de la France, visitant la Syrie en 1913 sous les auspices français, proclama publiquement que l'occupation de la Syrie par la France était « nécessaire, inévitable et prochaine » L'Italie, elle aussi, avait des vues sur un territoire arabe, spécialement dans l'Assir et dans le Yémen, avec le projet d'y créer une sphère d'influence et une base navale sur la rive orientale de la Mer Rouge. Certains éléments catholiques romains de Syrie, les Maronites en particulier, avaient été subornés par la France et s'agitaient en faveur de sa protection. L'hystérie francophile de ces soi-disant chrétiens était l'œuvre du fameux Jésuite Georges Picot, consul de France à Beyrouth, qui avait persuadé un certain nombre de notables Syriens papistes de jurer fidélité à la France en cas de guerre avec la Turquie. Picot s'éclipsa en hâte, laissant derrière lui d'évidents motifs d'incrimination contre ses dupes infortunées ou pendues publiquement par ordre d'Ahmed Jemal Pacha. Cinq mois ne s'étaient pas écoulés après l'éclatement de la Grande Guerre, que la France et l'Angleterre s'étaient accordées pour un partage des provinces turques entre l'Entente. La convention secrète de Londres et le traité Sykes-Picot furent conclus tacitement, quoique non moins effectivement, longtemps avant les dates officielles de leurs ratifications respectives.

Au mois de mars 1915, plus d'un an avant la signature du traité Sykes-Picot, les gouvernements français et britannique avaient déjà consenti à l'annexion par la Russie du territoire s'étendant de Constantinople à l'Irak septentrional. La Syrie tout entière, avec les provinces de Messina, d'Adana et de Mossul étaient comprises dans la zone de prépondérance française déjà existante : Adana était adjugée à l'Italie, pendant que les acquisitions de l'Angleterre comportaient la route transcontinentale vers les Indes, c'est à dire tout l'Irak avec Bagdad et un coin de la Syrie adjacent au port d'Haïfa. Alexandrette devenait port franc, et « la Palestine » était prénotée pour le « régime spécial » connu.

En vue de former un tampon entre les possessions françaises et anglaises, on décida que quelque fût le territoire laissé de côté ou rejeté par les hautes Parties contractantes, ce territoire serait converti en un État arabe indépendant ou en une confédération d'États !

Au reçu du message d'Hussein, McMahon en avait appelé au Foreign Office, mais ce dernier même était hors d'état de trouver une formule pouvant concilier :

(A) La création d'un État tampon arabe autonome comprenant un lambeau de territoire rejeté par l'Entente, avec

(B) La garantie de l'indépendance absolue de tous les territoires arabes au sud de l'Anatolie et de leur entière liberté contre toute ingérence extérieure.

Placé dans une position sans espoir par ce soudain et grave cauchemar, le Foreign Office, ainsi qu'il a été mentionné plus haut, donna à McMahon ses instructions pour « satisfaire Hussein à tout prix ; ne pas s'engager et rester évasif, laisser entendre et même promettre, mais ne se lier en aucun cas ». Dans sa réponse au chérif, McMahon suivit ces instructions à la lettre, sauf sur le point le plus important. Il négligea complètement de satisfaire ou même de rassurer Hussein, auquel le babillage manifestement déshonnête du haut-commissaire britannique fit l'effet d'un coup porté. La note de McMahon est datée du 30 août 1915, presque le terme fixé par Hussein pour la réponse. C'est un pitoyable exposé, tel que n'importe quelle nation en serait foncièrement honteuse. Il représente un dernier effort désespéré pour mener à bonne fin un stratagème malpropre et incidemment insensé dans toute l'acception du mot, avec l'espoir que finalement surviendrait quelque chose servant à justifier les moyens.

Si sa situation eût été moins difficile, Hussein se fût joliment amusé de la missive. Chose pareille n'existait pas à l'Agence britannique du Caire, où aucun étudiant en langue arabe, et pas même celui se servant pour la conversation du guide classique de « King », n'eussent élucubré ce que le haut-commissaire avait déposé dans sa réponse dans le pathos le plus fleuri de l'Agence, en l'enveloppant de cette déférence obséquieuse et si parfaitement risible, chère au bambin babillard. Après avoir examiné la provenance et les motifs ayant manifestement inspiré la lettre, son impudence irrita Hussein, qui cependant n'en éprouva pas moins une forte agitation devant l'indéniable évidence de traîtrise dans le communiqué officiel d'un ministre de la Couronne, représentant d'une grande nation dont le fils d'Hussein avait toujours regardé Kitchener comme la personnification.

Le thème du message de McMahon était une réitération des vagues assurances données à diverses reprises au nom de Kitchener sur «l'indépendance arabe» et le califat, mais lorsqu'il s'agissait de définir le sens précis de ces assurances et de spécifier géographiquement la région et la sphère de cette indépendance, McMahon avait l'effronterie d'assurer qu'à son avis, c'était purement perdre son temps que de discuter ces affaires durant le tumulte et la tension de la guerre, et (si incroyable que cela paraisse) parce que la Turquie occupait encore la plus grande partie des provinces arabes ! Et cela, s'il vous plait, en réponse à une proposition qu'avaient justement occasionnée des incidents de cette guerre, et dont l'objet total était de démontrer qu'en adoptant son plan, la Grande-Bretagne mettrait Hussein en état de l'aider à mettre fin à cette occupation de pays arabes par la Turquie !

Et pour comble, McMahon donnait l'assurance solennelle que l'heure de la discussion n'avait pas encore sonné, parce que dans les territoires occupés par les Turcs, des Arabes sujets du sultan servaient encore dans l'armée ottomane !

La réplique du chérif à ce bavardage du type irlandais était, d'un seul jet, franche et claire ; Hussein pénétrait aisément McMahon, mais en vrai philosophe arabe, il préféra attribuer sa duplicité à l'ignorance, et laissa seulement entendre à McMahon que son verbiage n'était pas de mise et qu'un langage un peu simple et droit serait bienvenu. Il exprimait sa surprise de la façon vague et imprécise dont le Haut-Commissaire traitait la question de frontière, et insistait pour que cette question des frontières arabes fût considérée comme fondamentale et essentielle parce qu'elle était tenue pour telle par tous les congénères, y compris ceux que les circonstances avaient forcés à servir sous le sultan. Il désirait exprimer avec une clarté absolue que le résultat des négociations entre McMahon et lui dépendait uniquement de l'acceptation ou du rejet par la Grande-Bretagne des frontières proposées pour un État arabe indépendant. Cette fois, la ligne suivie par Hussein obtint son effet. Il n'avait pas mâché ses mots, la force de ses arguments était astringente et McMahon ne pouvait se dérober plus longtemps. Placé en face d'une situation exigeant des décisions promptes et une réponse carrée, le. Foreign Office décida de jeter la caution aux quatre vents et de faire une dernière offre désespérée pour assister les Arabes contre la Turquie.

Il fut convenu tout d'abord de bercer Hussein de promesses suffisantes pour l'attirer ouvertement et définitivement dans le piège. La chose était faisable en « concluant » une entente secrète avec lui derrière le dos des Français, et provisoirement à leurs dépens. Toutefois, dès que les Arabes seraient irrévocablement amenés à la guerre, un traité secret, cette fois avec les Français (à l'insu des Arabes et à leurs dépens) rendrait automatiquement sans effet l'arrangement *pour la forme* avec Hussein, la France et l'Angleterre ensemble pouvant aisément empêcher les Arabes de pousser leurs revendications, surtout comme il n'existait pas de document prouvant jusqu'à l'évidence qu'il y avait toujours eu un traité officiellement reconnu entre la Grande-Bretagne et les Arabes, mais seulement une « correspondance McMahon » demi-officielle, à laquelle l'Entente refuserait d'accorder un statut diplomatique officiel, et qui par conséquent serait inadmissible selon toute évidence en cas d'*imbroglio* légal ou politique. Comme cependant ces lettres devaient demeurer dans la langue maternelle originale, il était fort improbable qu'elles vissent jamais la lumière du jour.

En conséquence, le Haut-Commissaire britannique au Caire reçut des instructions lui enjoignant de faire tout simplement une avance morte au chérif, en évitant soigneusement des engagements auxquels il serait difficile de se soustraire ; mission qui présentait en elle-même d'insurmontables difficultés et qui n'était pas sans connexité avec la mentalité de McMahon. Il avait cependant à écrire avec un œil fixé sur la France, laquelle, craignait-on, pouvait un beau jour saisir avec joie l'opportunité, fournie par une irréfutable évidence de perfidie, de mettre à profit la mauvaise foi de sa partenaire. C'est pourquoi, il était essentiel d'être en état de montrer que l'Angleterre n'avait jamais en réellement l'intention de faire double jeu avec son alliée, mais voulait au contraire produire sur Hussein l'impression que tandis que rien ne contrecarrait sa liberté d'action concernant la délimitation des futures frontières arabes, la Grande-Bretagne n'était pas moins liée par un engagement d'honneur à ne rien faire qui pût porter préjudice aux intérêts français. De là l'insistance quant à des réserves en faveur de la France, mais de là aussi l'insinuation effrontée à Hussein que la solidarité anglo-française tendait pratiquement à seconder plutôt qu'à empêcher la réalisation des garanties de l'Angleterre à l'égard de l'indépendance arabe, garanties données au nom de Kitchener et réitérées par le gouvernement britannique. La réponse de McMahon à la proposition d'Hussein du 9 septembre constituait par elle-même un document à classer comme le plus important de toute la controverse anglo-arabe.

C'est la claire confirmation des garanties qui entraînèrent les Arabes dans la guerre aux côtés de l'Entente, et qui demeure aujourd'hui le chef principal d'accusation par évidence sur lequel les Arabes basent leur cas contre la Grande-Bretagne, qui, affirment-ils, a, incontestablement et à plusieurs reprises, violé la foi à leur égard ; une accusation que justifie pleinement la correspondance de McMahon. Dans la lettre datée du 24 octobre 1915, Hussein est sollicité de croire que la répugnance momentanée de McMahon à discuter des frontières signifie simplement qu'à son avis, il est trop tôt pour envisager pareilles affaires d'une façon concluante, mais à présent que le chérif avait accentué l'importance fondamentale et l'urgence de la question, le gouvernement britannique avait autorisé McMahon à répondre à sa proposition en lui donnant l'assurance « **qu'en tant que la Grande-Bretagne était libre d'agir sans préjudice aux intérêts français** », le gouvernement britannique assurait définitivement reconnaître et soutenir l'indépendance arabe dans tout le territoire comprenant les frontières délimitées par Hussein dans son communiqué du 9 septembre, sauf en ce qui concerne les districts de Mersina et d'Alexandrette, aussi bien que les parties de la Syrie à **l'ouest des districts de Damas**, Homs, Hama et Alep, lesquels « ne peuvent prétendre à une nationalité arabe exclusive et sont à exclure pour cette raison ». En outre, le Gouvernement britannique garantissait la sécurité des Lieux Saints contre une agression étrangère et terminait son message en exprimant l'espoir que ces garanties conduiraient à une alliance durable entre la

Grande-Bretagne et les Arabes, et que l'un des premiers fruits de cette alliance serait l'expulsion des Turcs hors du territoire arabe et la libération de la nation arabe. Ici donc, voilées adroitement et sans scrupule, sont contenues dans le texte la supercherie légale ou la clause libératrice qui constituent l'essence de toute la fraude, et sur lesquelles le gouvernement britannique se reposait pour se tirer d'affaire lui-même et pour planter là les Arabes. Pour Hussein, comme d'ailleurs pour quiconque non au courant des engagements provisoires de la Grande-Bretagne, la formule « en tant que la Grande-Bretagne est libre d'agir sans préjudice aux intérêts français » ne signifiait dans la circonstance rien de plus qu'une expression de courtoisie et de bonne foi d'un allié envers un autre, et c'est précisément ce dont on avait l'intention.

Mais en vue de l'anticipation prédite de la Convention de Londres et du traité Sykes-Picot, huit mois au moins avant qu'Hussein eût reçu l'insidieuse élucubration de McMahon du 24 octobre, les garanties données par la Grande-Bretagne à l'égard des territoires arabes délimités par Hussein, étaient non seulement préjudiciables, mais positivement hostiles aux intérêts de la France, puisque le gouvernement britannique assignait maintenant à Hussein les mêmes territoires qu'il avait agréé d'être attribués à la France. La fameuse clause servant de pivot « qu'en tant que la Grande-Bretagne était libre d'agir, etc. » rendait automatiquement nulle et non avenue l'acceptation par McMahon des propositions d'Hussein, car du moment que la seule condition d'où dépendait la validité de la garantie britannique, à savoir « sa liberté d'agir sans préjudice aux intérêts français » était annulée par son entente secrète avec la France, l'Angleterre ne jouissait plus du tout de la liberté d'agir. C'est pourquoi actuellement, le gouvernement britannique hypothéquait une propriété dont il avait déjà secrètement disposé, et contractait une dette qu'il savait pertinemment ne pouvoir jamais acquitter, et qui, par son amplitude et son vrai caractère, devait inévitablement amener la ruine de l'hypothèque.

D'une stupéfiante ignorance du véritable état des affaires, Hussein répliqua aussitôt en donnant son consentement à l'exclusion du domaine d'indépendance arabe d'Adana avec le port de Mersina, mais refusait d'accéder à la séparation d'une partie quelconque de la Syrie comprenant les régions côtières septentrionales indiquées à l'ouest des districts de Damas, Homs, Hama et Alep, ces régions, à l'inverse d'Adana et de Mersina, étant exclusivement arabes. Le chérif demandait aussi, relativement à une entreprise de la Grande-Bretagne, qu'elle continuât à soutenir les Arabes et se fît le champion de leur cause à la conférence de la paix, où il soupçonnait qu'ils seraient considérés comme des belligérants « non réguliers ».

Dans sa réponse, McMahon adhère à ces réserves, ne se préoccupant pas plus longtemps des régions maritimes septentrionale comme n'étant pas purement arabes, mais, raison assez significative, sous le prétexte qu'elles touchaient à des intérêts français ! Il cherchait cependant à atténuer cela par l'assurance que la Grande-Bretagne ne souscrirait pas à un traité qui faillirait à garantir « la liberté des peuples arabes ».

Le chérif riposte en faisant ressortir qu'en sa qualité d'interprète du peuple arabe, il n'est pas autorisé à permettre, fût-ce même par un compromis relatif à la proposition de McMahon, la séparation d'une partie de la Syrie du domaine de l'indépendance arabe, mais afin de ne pas troubler les relations anglo-françaises, et pour cette raison seulement, il propose de reporter la question jusqu'après la guerre, où il saisirait la première occasion pour constater les revendications de ses congénères sur toute la Syrie ; il insiste avec emphase et sans équivoque possible sur le fait que l'occupation d'un seul pied carré de ce pays par la France ou par une autre Puissance étrangère est absolument inconcevable chez les Arabes. Ayant obtenu de McMahon une assurance explicite sur la question fondamentale de la délimitation géographique de l'indépendance arabe, et rempli d'une foi aveugle dans les principes de justice et d'honnête conduite de l'Angleterre, Hussein était satisfait de permettre que la question des *intérêts* français (et non les possessions) dans le secteur maritime septentrional fût reportée jusqu'après la guerre.

Dans sa réponse, bourrée de réitérations d'assurances passagères, McMahon recommande au chérif de ne pas se prononcer de manière à compromettre les relations de la Grande-Bretagne avec la France, mais il le met en garde contre une anticipation quelconque de relâchement des liens anglo-français après la guerre. On prétend maintenant que cet avertissement laissait clairement entendre à Hussein qu'à la fin des hostilités, la France ferait certainement valoir ses privilèges en vertu du traité franco-britannique, et que dans ces conditions, l'Angleterre ne pourrait pas appuyer la demande d'Hussein selon laquelle les territoires exclus de la sphère arabe par McMahon dans sa lettre du 24 octobre[1] seraient réunis à ceux que la Grande-Bretagne s'était enga-

---

1. La partie de la Syrie à l'ouest des districts de Damas, Homs, Hama et Alep que McMahon déclarait, le 24 octobre, devoir être exclus comme n'étant pas purement arabes, mais au dire de la même autorité, le 13 décembre, uniquement parce que des intérêts français s'y trouvaient engagés.

gée à reconnaître en y maintenant l'indépendance arabe. Si Hussein eût été au courant de certaines circonstances dans lesquelles la France aurait réclamé des privilèges en Syrie, avec ou sans l'appui de la Grande-Bretagne, il eût existé des motifs raisonnables d'affirmer qu'il avait été justement averti ; mais comme il ne soupçonnait pas même l'existence d'un complot anglo-français, l'avertissement « gracieux », ne concernait pas plus Hussein que McMahon en avait eu l'idée, car il ne s'adressait pas du tout à Hussein, mais à la France, à laquelle on voulait prouver la loyauté indéniable de son alliée, alors que des négociations se poursuivaient derrière son dos.

Après cette audacieuse moquerie, le jeu politique clôture la partie en faveur de McMahon, qui, du commencement à la fin, avait tenu la plupart des cartes dans sa main. La frivole correspondance qui suit entre le Caire et la Mecque consiste surtout en réitérations et en expressions répétées de loyauté envers les clauses de l'accord anglo-arabe.

*   *   *

Résumons-nous. L'importance des négociations McMahon-Hussein se réduit à ceci :

En retour de la reconnaissance et de l'appui de la Grande-Bretagne concernant les territoires spécifiés par Hussein, la lettre vise à lancer la totalité des Arabes dans la guerre aux côtés de l'Entente, et à cet effet, McMahon admet l'objet des réserves territoriales prévues, autour desquelles pendant plus de vingt ans, s'est livrée une controverse furieuse, concentrée présentement en Palestine, et dont les effets peuvent finalement amener l'effondrement de l'Empire britannique. La tragédie anglo-arabe embrasse tout le territoire faisant partie des ci-devant provinces de l'Empire ottoman, mais c'est en Palestine, où les affaires ont atteint leur point culminant, qu'il convient de chercher la clé de tout le problème. L'injustice dont les Arabes furent victimes n'a pas été pire en Palestine qu'ailleurs, mais le fait que la Palestine a été choisie pour un traitement spécial, et le stratagème par lequel le gouvernement britannique et ses apologistes ont cherché à justifier ce traitement a suscité une exaspération universelle. Un par un, les États arabes ont été patinés par leurs « libérateurs » européens. L'Egypte, l'Irak, et maintenant la Transjordanie, la Syrie et le Liban émergent de la tutelle étrangère. Seule, la partie de la Syrie, qui est maintenant la sphère du mandat britannique de Palestine, demeure en servitude et tend constamment à l'anarchie. Jusqu'à sa création par la déclaration de Balfour, la Palestine était la désignation pédagogique d'une portion illimitée et intégrale de la Syrie, et comme telle, n'avait pas d'entité au point de vue géographique, politique et administratif. C'est pourquoi elle était sans contredit autorisée à réclamer le traitement dû à l'indépendance comme partie du territoire spécialement délimité et garanti sans équivoque possible dans l'accord McMahon-Hussein. Tel est, en un mot, le motif primordial de la revendication arabe, que le gouvernement britannique réfute en soutenant le contraire, mais son attitude est non seulement insoutenable, elle est en outre tout à fait absurde.

Il a accepté en totalité, sauf pour les régions côtières septentrionales particulièrement écartées, les frontières proposées et spécialement délimitées par le chérif.

Il s'ensuit donc qu'en tant qu'une portion particulière du territoire ainsi défini par Hussein et accepté en bloc par la Grande-Bretagne, était définitivement cité dans les réserves de McMahon, cette portion doit être tenue comme constituant une partie intégrale du territoire reconnu par l'Angleterre pour la formation du domaine de l'indépendance arabe. Il n'y est fait aucune allusion à la Palestine. La correspondance de McMahon ne contient aucune mention de la partie de la Syrie actuellement mandat territorial de Palestine, ni sous son présent pseudonyme, ou comme ayant été désignée dans le langage administratif ottoman comme « Sandjak de Jérusalem », s'étendant à une partie y comprise du vilayet adjoint de Beyrouth. Et cela pour d'excellentes raisons. En premier lieu parce qu'un pareil lieu n'existait pas. Il était cependant impérieusement nécessaire de maintenir Hussein et la France dans l'obscurité concernant la conspiration anglo-juive à l'égard de la Palestine, conspiration qui, soupçonnée par Hussein, l'eût immédiatement et irrévocablement jeté tout droit dans le camp turc. En outre, toute indiscrétion laissant percer l'idée d'une part intégrale (même quoique déguisée sous un nom imaginaire) devait inévitablement être combinée comme s'appliquant à la totalité, en particulier par la France, qui eût rompu avec fracas, si elle avait découvert l'extension à laquelle la Grande-Bretagne se disposait en violant ses réserves spéciales.

L'aventure de McMahon était de toute nécessité une échappatoire. Son acceptation des délimitations des frontières par Hussein satisfaisait les Arabes, pendant que toute possibilité d'une friction finale avec la France était conjurée par son exclusion de la région maritime nord-ouest, réserve qui n'affectait pas la Palestine, pour la possession éventuelle de laquelle les Juifs possédaient déjà les garanties les plus effectives. Cela trompait les Arabes et conciliait la France tout en servant involontairement les intérêts de Sion.

La politique frauduleuse inaugurée par McMahon dans les lettres qui portent son nom a été confirmée et poursuivie par le gouvernement britannique dans une série d'accords également violés et de dénégations mensongères, dont les effets accumulés se font sentir chez nous avec une intensité et une persistance qui ont fait dégénérer la question de la Palestine en une crise politique de premier ordre.

CHAPITRE VI

LE TRAITÉ SYKES-PICOT

―――――――

À *peine* l'accord McMahon-Hussein venait-il d'être conclu, que des négociations s'engageaient à Londres au commencement de 1916 au Foreign Office avec le gouvernement français. L'objet de cette manœuvre était de confirmer et de ratifier la Convention moins formelle de 1915, par laquelle les alliés avaient convenu de se venir en aide eux-mêmes sans restriction ni scrupule, quelle que fût leur ardente convoitise pour la ruine imminente de l'Empire ottoman. En outre de cela, le gouvernement britannique était anxieux d'amener la France à une définition de ses prétentions notoirement extravagantes à l'égard de la Syrie, et de les rendre compatibles, si possible, avec les intérêts de l'Angleterre, surtout avec ceux spécifiés dans les clauses de l'accord McMahon-Hussein, dont le Foreign Office se gardait soigneusement de dévoiler l'existence réelle au gouvernement français.

La Conférence fut conduite au nom de la France par M. Georges Picot, de sinistre mémoire, et par le colonel

Sir Mark Sykes, Bart. M. P., représentant de la Grande-Bretagne, qui avait été nommé conseiller expert pour « l'Orient » au Foreign Office. Ce personnage vraiment remarquable était un propriétaire du Yorkshire, possesseur de biens considérables et éleveur connu de chevaux de course. Encore enfant, il avait voyagé avec son père dans le Levant, et comme c'est l'usage parmi les riches visiteurs du monde, il avait écrit quelques ouvrages sur des sujets concernant l'Orient. Partisan fanatique des Jésuites, il avait abordé les classiques et passait pour un virtuose, un savant et un sage. Il représentait un rêveur et un idéaliste notoire ; infatigable vagabond, il était à la poursuite de mythes aventureux. Il était bien doué, mais volage et superficiel à un certain degré. Sa connaissance de la Syrie, connaissance sans profondeur et décousue, avait été acquise par intuition plutôt que par étude et par expérience. Picot, et pour d'inexplicables motifs, Sykes, avaient reçu tous deux de leurs gouvernements la main libre, et comme résultat de leur diplomatie secrète, le rusé Picot, qui dominait son coreligionnaire imbu d'erreurs, assura à la France toute la Syrie avec une large tranche de l'Anatolie et la plus grande partie du nord de l'Irak, y compris Mossoul, s'étendant jusqu'à la frontière de la Perse, tandis que Sykes était consolé avec une réserve » isolée de dix milles autour de la baie d'Acre et l'Irak méridional, relié à la frontière égyptienne par un corridor à travers le désert d'Arabie.

Les deux plénipotentiaires réussirent dans la combinaison d'un plan en vue de l'absorption finale par la France et par la Grande-Bretagne des provinces turques qui avaient été tacitement agréées déjà en 1915 comme devant être partagées entre l'Angleterre, la France et l'Italie. Ils se transportèrent alors à St. Petersbourg, où

LE TRAITÉ SYKES-PICOT

ils continuèrent leurs délibérations avec Sazonow, contre lequel, avec Picot, Sir Mark Sykes exerça en vain sa faible intelligence ; tous trois arrivèrent tout au plus à un accord conclu en bonne et due forme à la fin du mois de mai 1916 entre Sir Edward Grey, M. Paul Cambon et le comte Benckendorf.

Le traité Sykes-Picot était un grand marchandage plutôt qu'un accord formel entre alliés sur leurs sphères respectives d'influence ; c'était un partage catégorique des dépouilles entre conquérants, dont les pouvoirs sur les territoires de chacun d'eux devaient être souverains, absolus et indiscutés. Chacune des sphères françaises et anglaises furent réparties en deux catégories distinctes : Toutes celles de population la plus dense, productives et de grande valeur, y compris les côtes, comprenant les groupes de la population les plus évolués, étaient virtuellement annexées et traitées comme colonies, tandis que celles de population clairsemée, avec steppes et déserts, étaient magnanimement abandonnées par le traité à l'administration autonome des Arabes, reconnue et soutenue par les Puissances intéressées.

Bien que les précédents traités sans forme arrêtée, de 1915, reconnussent vaguement la Palestine comme une entité à part, devant être soumise à un régime d'administration spécial, le mot Palestine n'évoquait pas un territoire particulier avec frontières bien marquées, mais une région encore mal définie ou un pays inhabité, situé entre les frontières encore indéterminées des futures concessions franco-britanniques. Il en fut ainsi jusqu'au printemps de 1916, où la Palestine devint une entité à la fois géographique et administrative.

La Palestine émergea du «conclave» Sykes-Picot comme résultat d'une dispute entre les conspirateurs sur leurs parts respectives du butin.

Très longtemps avant la guerre, Kitchener avait essayé d'attirer l'attention du Foreign Office sur l'importance stratégique et économique de la Syrie méridionale en raison de la domination de la route des Indes, de la balance du pouvoir dans la Méditerranée orientale et au canal de Suez. Après l'éclatement de la guerre, Kitchener, devenu alors ministre, déploya une telle insistance, que M. Asquith nomma une commission spéciale chargée d'examiner les revendications de la Russie et particulièrement de la France, concernant des portions de l'Empire ottoman, et cela à la lumière de la politique préconisée par Kitchener, dont la Commission adoptait les vues, lorsqu'au mois de juin 1915, c'est à dire au moins quatre mois avant l'envoi à Hussein de la fameuse lettre de McMahon, en date du 24 octobre, il fut rendu compte que les revendications de la France ne pouvaient être admises sans préjudice pour les intérêts britanniques, uniquement en ce qui concerne la Syrie orientale, mais que la partie méridionale correspondant rigoureusement aux confins de la Palestine moderne serait exclue de la sphère de juridiction française et prénotée pour un «régime spécial». Il concordait précisément avec la politique de Kitchener et avec les idées de la Commission d'Asquith, que McMahon reçût des instructions pendant ses négociations avec Hussein, afin de réserver à la France la partie septentrionale de la Syrie, et non la partie méridionale (Palestine).

Cependant la France persistait en pressant sa revendication de la Syrie tout entière, y compris bien entendu la Palestine, prétention à laquelle l'Angleterre s'opposait en

LE TRAITÉ SYKES-PICOT

raison de ses propres vues sur la baie d'Acre, devant former l'issue occidentale de la route vers le golfe persique, et en partie pour tenir la France à une distance convenable du canal de Suez. La ligne officiellement suivie par la Grande-Bretagne combattant les revendications de la France pour la possession de toute la Syrie était que les Lieux Saints, à Jérusalem et aux alentours, s'exprimaient d'eux-mêmes pour un « régime spécial ». La France objectait à cela que Jérusalem et Bethléem constituent une enclave séparée sous un « régime spécial » de contrôle international en concordance avec leur caractère sacré, mais que sauf cette réserve, la « Palestine » resterait partie intégrale de la Syrie, et comme telle était comprise sans la zone française. Cependant, à peine les pourparlers Sykes-Picot étaient-ils ouverts en Russie, que Sazonow exprima son désir d'établir un protectorat sur toute la Terre Sainte, où les intérêts et les concessions russes s'étendaient bien au-delà des limites de l'enclave suggérée par la France. Cette prétention souleva l'opposition de la France et de l'Angleterre ; sur quoi Sazonow se déclara prêt à appuyer « le régime spécial de contrôle international » de la France, à la condition que la chose fût rendue applicable à la Terre Sainte tout entière, en y comprenant toutes les propriétés et concessions de l'Eglise russe. La Grande-Bretagne saisit l'occasion et tomba immédiatement d'accord avec la proposition arbitraire de Sazonow, sur quoi la France laissa le champ libre. Seules, la Grande-Bretagne et la Russie demeuraient maîtres de prolonger la contestation, et l'Angleterre en fut la suprême survivante. *Quand les voleurs font défaut, le Juif est à son aise* : et alors naquit l'État anglo-juif de Palestine.

Du commencement à la fin, les procédés ont été perfidement cachés à l'Italie, une des premières partenaires de la Convention de 1915, mais surtout aux Arabes, chacun de leurs droits ayant été abrogé de cette façon avec l'accord McMahon-Hussein, et qui, s'ils avaient connu la vérité, eussent alors et par suite répudié leur alliance avec la Grande-Bretagne. Mais Hussein fut victime de sa propre crédulité en raison de sa croyance inébranlable en la bonne foi anglaise, une superstition prévalant en ce temps-là en Orient, et qui tirait son origine de la personnalité prodigieuse de Kitchener. Simultanément avec la trahison perpétrée à Londres par la ratification du traité Sykes-Picot, et le jour même de la mort de Kitchener, les Arabes scellaient de leur propre sang le pacte McMahon-Hussein, car le 5 juin 1916, à la Mecque, éclataient les premiers coups de feu de la révolte arabe.

CHAPITRE VII

LA DÉCLARATION DE BALFOUR

*L*e commencement de l'année 1917 est marqué surtout par une suprématie universelle du Sionisme.

L'influence exercée par les Juifs qui tenaient leurs assises supérieures sous le président Woodrow Wilson, chef du pouvoir exécutif et auprès des membres du Congrès, était telle, que la politique nationale des États-Unis était en réalité sous le contrôle des Juifs, dont la masse et la plupart des dirigeants avaient été gagnés au Sionisme comme résultat d'une intensive propagande. De bonne heure, en 1917, alors que les alliés se trouvaient en danger à la veille d'une défaite et d'une véritable banqueroute, Rufus Daniel Isaacs, vicomte Reading, fut choisi parmi tous les sujets de l'Empereur-Roi pour représenter le pouvoir souverain du plus grand Empire au monde au siège de Mammon en Amérique, où celui-ci tenait la main haute sur Sion pour amener les États-Unis dans la guerre contre l'Allemagne et l'Empire ottoman.

La Russie, cette ennemie la plus ancienne et la plus acharnée de la Juiverie, était efficacement disposée au mois de mars, quand le gouvernement du tzar succombait sous les coups du bolchévisme dirigé par Kerensky, et le 6 avril, le président Woodrow Wilson déclara la guerre, soumettant par-là les États-Unis aux ordres de Sion, dont les forces politiques étaient concentrées à Londres, où les préparatifs pour l'inauguration en Palestine d'un foyer national juif se poursuivaient en pleine activité.

Parmi les nombreux Gentils influents prosélytes du Sionisme, aucun n'était plus apprécié de la Juiverie pour son inestimable valeur dans l'espèce que le frivole et omniprésent Sir Mark Sykes, dont l'esprit jésuitique et l'inconstance innée n'avaient pas moins fait un néophyte d'Israël et un ardent Sioniste. Une fois son traité secret conclu avec Picot, Sykes s'afficha comme fervent soutien du Sionisme, auquel s'était dévoué lui-même avec son enthousiasme spasmodique habituel, Lloyd Georges, champion de la même cause. Son domicile en ville, 9, Buckingham Gate, qui disposait d'un bureau de communications télégraphiques, devint la citadelle principale du Sionisme à Londres ; et comme collaborateur ou plutôt comme son ombre, Sykes comptait l'inévitable Georges Picot, dont l'intérêt apparent pour le Sionisme ne servait en partie qu'à voiler son véritable motif, celui d'un espionnage en faveur du gouvernement français.

Le premier meeting officiel du Comité politique sioniste se tint le 7 février 1917, à Londres, dans la maison du Dr Moses Gaster, outre lequel étaient présents Nahum Sokoloff, Chaïm Weizmann, Lord Rothschild, James de Rothschild, M. Herbert (à présent Lord) Samuel, Herbert Bentwich, Harry Sacher, Joseph Cowen et Sir Mark Sykes. Georges Pidot n'assistait pas à la réunion.

Le Dr Moses Gaster était né en Roumanie, où il devint lecteur à l'Université de Bucarest. En 1885, il fut exilé à cause de son activité politique séditieuse, et vint en Angleterre. Il y fut nommé lecteur Ilchester à l'Université d'Oxford, et devint Grand Rabbin de la Communauté séphardique, et président de la Fédération Sioniste anglaise et de la Société historique juive aussi bien que membre éminent de l'Association anglo-juive et de la Société Asiatique.

A ce premier meeting du 7 février 1917, on discuta en détail le programme sioniste complet devant servir de base aux négociations officielles relatives aux futurs mandats de Palestine, de Mésopotamie et du royaume arabe de l'Hedjaz. Ce programme concerté en raison de la disposition préalable par les Juifs de toute cette partie de l'Orient appelée à passer sous la juridiction britannique, avait été déjà élaboré en 1916 par le Dr Moses Gaster, en collaboration avec Chaïm Weizmann, Sokoloff, Bentwich et Joseph Cowen, et avec l'appui non moins fervent, quoiqu'inofficiel, du Cabinet britannique.

Le 8 février, c'est à dire le lendemain du meeting inaugural du Comité politique sioniste au cours duquel avait été décidé le sort de la Palestine, fut tenue à Londres, cette fois au domicile de Sir Mark Sykes, une autre conférence pendant laquelle le traité Sykes-Picot fut discuté à la lumière de la politique sioniste approuvée par le Comité politique en présence de Sykes, le jour précédent.

Après ces meetings préalables des 7 et 8 février, tenus par le Comité politique sioniste, son président Nahum Sokoloff partit pour Paris, et fut reçu le 22 mars au Quai d'Orsay, où sa version du programme du Comité fut reçue au nom du gouvernement français par le Ministère, qui l'autorisa à télégraphier sa décision à l'organisation sioniste de Russie, et, chose la plus importante de toutes, à celle des États-Unis, car ce n'était pas sur les champs de bataille du vieux continent, ni dans les chancelleries européennes que devaient se décider l'issue de la grande guerre et le sort final des nations belligérantes, mais à New York, où la lutte gigantesque avait fait rage insidieusement, quoique sans relâche, entre les ressources combinées d'une tentative mourante de civilisation et la pleine force de la puissance juive de l'argent, incarnée dans le Conseil exécutif des banques fédérales des États-Unis et dans l'Office fédéral de réserve des États-Unis, instruments aveugles du sionisme, qui depuis le commencement de 1917, était devenu l'arbitre des destinées humaines.

Cependant, en dépit des machinations anglo-juives, les cercles gouvernementaux à Paris s'alarmaient de l'influence croissante de la Grande-Bretagne, et de ce que le prestige dans le Levant y souffrirait de l'établissement d'une hégémonie anglaise ; et c'était pour empêcher cela que le Quai d'Orsay s'abandonnait maintenant avec une ardeur et une sincérité dignes d'une meilleure cause.

En conséquence, une mission française sous Georges Picot fut envoyée au Caire pour miner l'influence anglaise en prônant la cause des intérêts de la France en Syrie au moyen d'une propagande politique subversive parmi les notables arabes en Egypte. Des rapports et de sinistres rumeurs concernant l'activité de Picot avaient éveillé les soupçons d'Hussein, qui sollicita auprès de Sir Reginald Wingate, successeur de McMahon comme haut-commissaire, des explications sur l'objet de la mission de Picot. A l'instigation de Wingate, le Foreign Office, alarmé à son tour, envoya Sir Mark Sykes en toute hâte à Jeddah, avec la double mission de calmer l'esprit d'Hussein et, si possible, de le prédisposer à la visite que le Quai d'Orsay avait déterminé Georges Picot à lui faire, visite que le Foreign Office était hors d'état d'empêcher.

Sykes se rendit de suite à Rome afin d'y trouver une inspiration pour la tâche à entreprendre, et de là gagna le Caire, où il conféra avec les chefs musulmans et reçut finalement les instructions de Wingate sur la conduite à tenir à Jeddah.

Si rien qu'en raison de la loyauté avec laquelle il jouait sa partie dans l'affaire anglo-arabe, Hussein avait réellement le droit d'attendre de sa partenaire un traitement franc et honorable, il le faisait dans l'ignorance où il se trouvait encore du code moral sur lequel repose la sainteté des traités. Sykes eut sa première entrevue avec le chérif au commencement du mois de mai et revint quinze jours plus tard, cette fois avec Georges Picot.

Le 19 et 20 mai, Hussein reçut les deux délégués, avec lesquels il discuta leurs intérêts respectifs dans toute leur étendue, mais derrière les assurances conventionnelles d'usage sur la solidarité anglo-française, assurances dont leur présence à tous deux était la réfutation même, ni Sykes, ni Picot, ne laissèrent tomber un seul mot qui pût faire soupçonner à Hussein l'existence de quoi que ce fût ressemblant au traité Sykes-Picot. Interrogé pour savoir si ses congénères agréeraient la création d'une sphère française d'influence dans le Liban, le chérif répondit qu'en sa qualité d'interprète du mouvement national, il lui était interdit de soutenir la moindre atteinte à la souveraine indépendance arabe. La visite prit fin là-dessus, et les deux délégués se retirèrent, Picot pour continuer ses manœuvres anti-britanniques au Caire, tandis que Sykes retournait à Londres, où il arriva le 14 juin, date à partir de laquelle il fut continuellement occupé jusqu'en novembre en collaboration avec le Comité politique sioniste, pour la préparation de la fameuse déclaration de Balfour, laborieuse affaire, alors que chaque point traité à Londres était soumis à l'examen des membres exécutifs du Comité sioniste américain, comprenant le Comité international d'action intérieure du Dr Schmaryar Levin et le Grand Comité d'Action, dont les critiques étaient reçues avec l'attention la plus respectueuse et la plus déférente à Londres. Là, le texte de la déclaration fut soigneusement étudié, sous la direction de Ginzberg, par le Comité politique sioniste comprenant Nahum Sokoloff (président), Simon Marks (secrétaire), Chaïm Weizmann, Leopold Kessler, Joseph Cowen, Herbert Bentwich, Albert M. Hyamson, Harry Sacher, Israël Sief, Léon Simon, Ettinger et Volkovski.

Malgré que les obstacles dressés devant eux fussent formidables, Juifs et Sionistes britanniques avaient appris à profiter de l'expérience passée, qui laissait clairement à entendre la futilité d'une attaque de front, et évoquait l'importance d'un mouvement tournant sur le flanc de l'ennemi. Durant le règne d'Abdul Hamid, les Sionistes avaient fait plusieurs tentatives pour amener La Porte à sanctionner une haute mesure d'immigration juive en Palestine, mais sans succès. Après la révolution, des éléments juifs puissants dans le Comité d'Union et de Progrès C.U.P. gagnèrent tout d'abord les jeunes Turcs en faveur du Sionisme, mais leur influence dura peu et s'évanouit en 1912, lorsque les membres arabes protestèrent énergiquement au Parlement turc contre l'acquisition par des Juifs de terrains labourables en Palestine avec le résultat d'en déposséder et d'en évincer les cultivateurs, leurs propriétaires. Selon toute évidence, les Arabes étaient inconciliables avec les aspirations territoriales des Juifs et pour cette raison, comme pour celles précédemment mentionnées, le Sionisme décida de s'en remettre à l'accommodant et large «Cheval de Troie», ménagé par la Grande-Bretagne, à qui la guerre avait révélé la vulnérabilité de la frontière orientale de l'Egypte et la conséquence nécessaire d'établir un tampon entre cette frontière et les nouvelles possessions françaises menaçant le canal de Suez. La Palestine, même aux mains des Turcs, constituerait un danger possible plutôt qu'une sauvegarde contre une pareille menace. Mais maintenant que la France avait annoncé son intention de réclamer la Palestine comme partie intégrale de ses possessions légitimes en Syrie, elle étendrait automatiquement ses frontières jusqu'à celle de l'Egypte. Il devenait donc plus essentiel que tout le reste, pour l'Angleterre de tenir la France à bonne distance et d'établir un tampon entre elle et son alliée, un tampon formé toutefois de quelque chose carrément plus substantiel que le territoire d'éphémère «régime international spécial» de l'accord Sykes-Picot; un tampon vraiment anglais. Mais un tampon anglais était synonyme de protectorat ou de possession, ce que ne toléreraient ni les États-Unis ni la France, déjà profondément soupçonneuse et jalouse envers son alliée.

En conséquence, afin de circonvenir l'hostilité des États-Unis et de la France, la Grande-Bretagne recourut au cheval de Troie sioniste. D'où la déclaration de Balfour, qui étouffait les objections américaines et françaises, sans affecter les relations anglaises avec les Arabes, ces derniers n'en ayant jamais entendu parler. La Grande-Bretagne se trouvait ainsi en état de prétendre, avec un semblant de raison et de justice, qu'ayant solennellement entrepris la création d'un foyer national en Palestine, il n'était que logique et équitable qu'elle assumât la responsabilité du gouvernement de ce pays en vue de mener à bonne fin cette entreprise. La déclaration de Balfour scellait l'association anglo-juive et établissait définitivement la ligne de conduite de la politique anglaise en Orient. Jusque-là, Juifs et Britanniques avaient louvoyé pour des avantages réciproques, chaque côté faisant flèche de tout bois pour acquérir position, jeu dans lequel le Juif excelle en manœuvrant l'adversaire dans des situations désavantageuses financièrement, politiquement et stratégiquement, auxquelles la victime ne peut échapper qu'en acceptant — et à quel prix — les bons offices de l'auteur de son infortune.

Le premier soin du gouvernement britannique avait été de se contenter lui-même avec l'idée qu'en se déclarant ouvertement pour le Sionisme, les Juifs soutiendraient l'établissement de la souveraineté britannique en Palestine. Lorsque d'après la volonté de Lord Northcliffe, Lloyd George prit le gouvernail en décembre 1916, les Sionistes soumirent un plan d'administration de la Palestine par la Grande-Bretagne ou par la France, ou par tous les deux comme partenaires. Cette collaboration anglo-française était la dernière chose que les Sionistes désirassent mener à bonne fin, mais en tenant les Français comme épouvantail, les Juifs espéraient effrayer le gouvernement britannique en le mettant d'accord avec la politique sioniste. A ce moment-là, ni le gouvernement britannique, ni le gouvernement français ne soupçonnaient les Sionistes d'être familiers avec chaque mot du traité Sykes-Picot depuis le premier jusqu'au dernier, avantage incalculable dont la diplomatie sioniste ne fut pas lente à tirer le plus parti, et comme les Juifs le supposaient à juste titre, l'idée d'un condominium anglo-français attestait la complète répugnance de M. Lloyd George, dont les scrupules religieux se dressaient contre la profanation des Lieux Saints par la France agnostique et athée !!

Lors des premières conversations préliminaires, les « hommes d'État » britanniques réagirent contre l'épouvantail français d'une façon si satisfaisante et si prompte, que les Sionistes, dont l'objectif était alors assuré dès le début, étaient d'ores et déjà en état de rejeter totalement la France et de donner leur appui sans restriction à un régime britannique exclusif en Palestine. Sur cette base d'entente entre M. Lloyd George, avec Balfour comme son secrétaire pour l'étranger et les Sionistes, des négociations officielles furent entamées entre le représentant accrédité du gouvernement britannique en la personne de Sir Mark Sykes, et celui du Comité politique sioniste, Dr Weizmann, lequel, à la première conférence tenue au domicile du Dr Moses Gaster, le 7 février, laissa clairement entendre à Sykes qu'ils étaient sourds contre un condominium anglo-français ou contre toute autre forme de condominium international pour la Terre Sainte, et que si la Grande-Bretagne devenait le champion des aspirations des Sionistes, ceux-ci, de leur côté, s'efforceraient eux-mêmes de déterminer l'établissement d'un protectorat britannique exclusif en Palestine.

C'est sur ces principes fondamentaux que fut inaugurée la conspiration qui atteignit neuf mois plus tard son point culminant avec la déclaration de Balfour, lorsqu'il fut crié à l'étranger qu'en s'affichant résolument en auxiliaires des Juifs persécutés, Lloyd George et son Cabinet donnaient une preuve nouvelle des principes supérieurs d'humanité qui avaient toujours inspiré et caractérisé leur politique. Au cours des négociations qui suivirent, durant lesquelles l'habileté et l'endurance des pantins politiques furent évaluées au plus haut degré, l'art du double jeu fut exploité dans une mesure inconnue jusque-là dans la politique internationale. En vue d'éviter un rapide progrès leur donnant l'apparence d'une course folle, les négociations furent « ralenties » encore et toujours par des inventions telles qu'une « vive divergence d'opinion dans les milieux gouvernementaux britanniques », ou « une rigoureuse opposition » du juif Edwin Montagu dans le Cabinet ; en réalité, toutefois, la solidarité anglo-juive était fermement établie, et délégués anglais et juifs travaillaient de concert dans une harmonie parfaite.

La Grande-Bretagne jugea opportun de satisfaire aux demandes sionistes pour les considérations suivantes :
- Assurer l'appui financier de Rothschild et de ses alliés, appui indispensable en tout temps, mais surtout au plus haut degré d'une crise financière.
- Assurer la bonne volonté des Juifs de par le monde pendant et après la guerre.

Un mandat ou un protectorat sur la Palestine et la Mésopotamie confiaient au pouvoir mandataire la garde du passage vers les Indes et vers le canal de Suez, et en baptisant la Palestine « foyer national juif », Américains, Français et Italiens n'avaient plus lieu de persister dans leur opposition. Afin de répondre à l'objection selon laquelle le mandat constituait une violation de la promesse faite par l'Angleterre aux Arabes, les Sionistes proposaient d'attribuer à ces derniers le territoire qui fut leur patrie il y a 1200 ans, mais avec la désignation nouvelle de « Royaume de l'Hedjaz ». Pour parer d'avance à une opposition possible du contribuable britannique, on prôna effrontément et on exalta jusqu'aux nues les avantages commerciaux de la Palestine, tels que la richesse minérale de la vallée du Jourdain, un monopole accordé tout d'abord à Jabotinsky, et plus tard à Sir Alfred Mond (Lord Melchett). On proclama que les deux grandes races commerciales, l'anglaise et la juive, étaient unies pour exercer le contrôle des débouchés commerciaux entre l'Europe et l'Asie, car ainsi que nous le révèle franchement le « Sionisme Social » de Bernard Rosenblatt : « la position géographique de la Palestine, comme le lieu de jonction de trois continents, si elle est occupée par les Anglais et par les Juifs, les uns et les autres marchands, offre l'opportunité de faire du pays d'Israël le plus grand centre commercial de l'Est et de l'Ouest. »

Une des principales difficultés résidait dans le refus obstiné de la France à renoncer de la moindre de ses prétentions à une situation dominante en Terre Sainte. De puissants groupes ecclésiastiques, représentant des intérêts politiques, commerciaux et bancaires, étaient résolus dans leur opposition à la suppression de la sphère d'influence française en Palestine, et leur véhémente opposition mettait le gouvernement de Ribot dans l'impossibilité de prendre en considération une proposition quelconque. Par suite, les Sionistes britanniques et les Juifs, se voyaient contraints d'agir avec la plus grande circonspection, et s'efforcèrent tout d'abord d'amener le gouvernement français à reconnaître le principe sioniste d'un séjour en Palestine comme distinct de celui d'y faire la loi, mais trouvant cette tactique franche sans effet, ils eurent recours à d'autres méthodes plus efficaces. La France était sur ses gardes, mais l'expérience commandait une fois encore de maintenir la Grande Bretagne en bonne place. La publication en 1878 de la Convention secrète anglo-turque par laquelle La Porte cédait à l'Angleterre l'**administration** de Chypre, avait produit une tension dangereuse dans les relations franco-anglaises. Redoutant que par l'occupation de Chypre l'Angleterre projetât, par des voies détournées, de la priver de ses droits héréditaires comme principale Puissance gardienne du Christianisme en Terre Sainte, la France menaçait de renverser sa politique de la guerre de Crimée en faisant cause commune avec la Russie contre la Grande Bretagne et la Turquie. Toutefois, si tendues qu'elles fussent, les relations franco-anglaises n'en vinrent pas à une rupture, et le 12 juillet, moins de six semaines après la promulgation de la Convention anglo-turque, « l'administration » de Chypre commençait avec l'occupation de l'île par l'amiral Lord John Hay, suivi une semaine plus tard par Sir Garnet Wolseley comme Haut-Commissaire, et dont les successeurs ont toujours depuis gouverné l'île sans interruption.

Comme en 1878, Judas, en 1917, tenait le gouvernail et « les Français étaient mis dehors ». Les pourparlers franco-anglais sur la Palestine avaient atteint le point mort, et ce sentiment courait, lorsque soudain, comme un éclair parti d'un ciel serein, la nouvelle se répandit que par une fissure accidentelle, les Sionistes avaient découvert l'existence du traité Sykes-Picot, dont les dispositions relatives à la dissection et à l'internationalisation de la Palestine leur causèrent une vive inquiétude, au point que le ressentiment des Sionistes devant la trahison de leurs espérances par la signature du traité Sykes-Picot, revêtait déjà la forme d'énergiques protestations avec menaces de représailles. Pressés alors par le complice à l'égard duquel ils avaient joué double jeu, la Grande-Bretagne et la France oublièrent leurs propres différends pour apaiser de concert les Juifs outragés et persécutés.

La ruse obtint un plein succès et après des négociations de longue durée, le gouvernement français consentit à regret à émettre une déclaration en faveur du principe du Sionisme, pendant que des États-Unis, où M. Justice Louis Brandeis était *de facto* en charge à la Maison Blanche, le président Wilson adressait son approbation des termes de la déclaration proposée.

Pendant ce temps, afin de parfaire la manœuvre circulaire, le Foreign Office avait donné à Sir George Buchanan, son ambassadeur à Petrograd, des instructions pour informer le gouvernement russe que la Grande-Bretagne avait décidé d'établir un foyer national juif en Palestine. Bien qu'il n'eût jamais existé en l'espèce une réelle divergence à l'égard du caractère fondamental de l'établissement des Juifs en Palestine, une différence superficielle d'opinion se manifestait quant à la terminologie dont le gouvernement britannique ferait usage pour l'exposé de sa politique. Les grands gâcheurs insistaient polir l'acceptation du texte original d'Ascher Ginzberg, élaboré par le Comité Politique de Sokoloff, texte qui autorisait **« la reconstitution de la Palestine comme le foyer national du peuple juif »**, mais dans cette phraséologie, la Palestine était déclarée État juif souverain, ce qui, pour des motifs déjà expliqués, est précisément ce que les Sionistes les plus astucieux étaient particulièrement méticuleux d'éviter. Comme membres d'un État indépendant, les Juifs eussent encouru la perte de leur statut international, tandis que sous la protection britannique ils ne renonceraient à aucun des privilèges propres à leur internationalité civique, tout en jouissant de tous les avantages d'une souveraineté indépendante avec leur foyer national.

Pour surmonter cette difficulté, les modérés persuadèrent leurs collègues de l'aile gauche que le gouvernement britannique étant fermement résolu à légiférer en se conformant aux préceptes du texte original, ils auraient de meilleures chances en manifestant en apparence l'intention de s'accorder avec la politique exprimée dans les termes plus modérés de la version corrigée. En conséquence, la formule préparée par le Comité Politique Sioniste fut modifiée. Au lieu de « reconnaissant la reconstitution de la Palestine comme le foyer national du peuple juif », le gouvernement britannique annonçait « qu'il verrait avec faveur l'établissement en Palestine d'un foyer national pour le peuple juif », simple modification, par laquelle Sion devenait d'État souverain État de protectorat. Mais des considérations vitales autres que celles engendrées par les susceptibilités américaines et françaises et les craintes des Juifs pour leur statut international, se cachaient derrière le désir du gouvernement britannique de camoufler le caractère purement nationaliste de la politique de Sion qui a été exposée.

La guerre entrait dans sa quatrième année et rien ne faisait présumer encore un règlement du conflit. Ne pouvant infliger à l'ennemi une défaite écrasante, les politiciens de l'Entente étaient à la recherche d'une formule ayant pour base les propositions d'une paix dont le résultat fût la désintégration et le déséquilibre-ment permanents des Empires Centraux. Le principe de libre détermination, c'est à dire le droit des petites nations à choisir leur propre gouvernement ou à se gouverner elles-mêmes, avait été mis en avant et généralement accepté. C'est ainsi que nous apprîmes comment le seul objet des nations alliées en poursuivant la guerre, était de délivrer les peuples du monde de leurs chaînes politiques

LA DÉCLARATION DE BALFOUR

et de la dictature étrangère, et de préserver la démocratie du monde. Mais si admissible que fût incontestablement ce principe par son application directe à l'ennemi, le cas de cette application aux pays alliés n'allait pas sans provoquer maintenant de sérieux désagréments. La désarticulation de l'Allemagne et de l'Empire ottoman en États de sécession et en protectorats était une chose, mais la possibilité de voir l'axiome appliqué à la Grande-Bretagne par l'Irlande ou aux autres alliés, faisait redouter à plus d'un le démembrement complet de l'Europe. En accordant aux Sionistes une trop large mesure d'autonomie, la Grande-Bretagne eût non seulement abandonné sa propre prise de possession sur la Palestine, mais elle pouvait encore créer par là un précédent dont les conséquences étaient incalculables.

Cependant les éléments fanatiques laissés par Ascher Ginzberg étaient irréconciliables et soutenaient toujours que leurs associés plus conciliants avaient trahi la cause. « Il est à peine nécessaire », écrivait Ginzberg, « d'expliquer la différence entre les deux versions. Si le gouvernement britannique eût accepté la version qui lui fut originairement soumise, sa promesse pouvait être interprétée comme signifiant que la Palestine était rendue au peuple juif sur la base de son droit historique, et que le peuple juif était destiné à se gouverner lui-même et à conduire toutes ses affaires à sa façon sans le consentement ou le non-consentement des naturels du pays. Car la reconstitution est seulement un retour à l'ancien droit des Juifs, qui domine celui des habitants actuels, qui se sont établis arbitrairement eux-mêmes dans un pays qui n'est pas le leur ». Les craintes de Ginzberg étaient mal fondées, ainsi que l'ont prouvé les événements qui suivirent.

La déclaration de Balfour, rédigée sous forme de lettre adressée à Lord Rothschild par le Secrétaire des Affaires étrangères, Sir Arthur Balfour, avait la teneur suivante :

Foreign Office, 2 Nov. 1917

Cher Lord Rothschild,

J'éprouve un grand plaisir à vous adresser au nom du Gouvernement de Sa Majesté la déclaration suivante de sympathie avec les aspirations sionistes juives, qui ont été soumises au Cabinet et approuvées par lui. Le Gouvernement de Sa Majesté voit d'un œil favorable l'établissement en Palestine d'un foyer national pour le peuple juif, étant clairement entendu que rien ne sera fait qui puisse porter préjudice aux droits civils et religieux des communautés non-juives existant en Palestine, ni au statut politique des Juifs dans n'importe quel autre pays. Je vous serais obligé de vouloir bien porter cette déclaration à la connaissance de la Fédération Sioniste.

Sincèrement à vous
Arthur James Balfour.

La déclaration de Balfour fut promulguée par le Foreign Office plus de deux années après la dépêche de la lettre décisive de McMahon, du 24 octobre 1915, et dix-huit mois après que le chérif Hussein eût livré la destinée de son pays à l'Entente, en levant ouvertement l'étendard de la révolte contre la Turquie. Sa ratification par les autres alliés fut plutôt une simple formalité entre Nahum Sokoloff et les deux délégués, Pichon, pour la France, Imperiali pour l'Italie. Des débats ultérieurs au Sénat français, les 5 et 6 avril 1921, on a su que ni la Chambre des Députés, ni le Sénat, n'ont jamais eu à enregistrer l'affaire, qui ne fut pas soumise à leur approbation.

LA DÉCLARATION DE BALFOUR

La déclaration causa une grande joie dans la presse juive et dans celle des Gentils sous contrôle hébraïque ; des meetings en masse se tinrent à Londres, où parmi d'autres, prirent la parole Sir Mark Sykes et Sir Herbert Samuel, lequel, au cours d'une grande démonstration à l'Opéra de Londres, le 2 décembre 1917, proclama qu'il « avait soutenu le Sionisme, non seulement dans le Cabinet, mais aussi au dehors ! »

Tout ce qui précède témoigne avec clarté que le Dr Chaïm Weizmann avait raison quand il disait : « Négocier avec un gouvernement est chose aisée : un gouvernement ne fait rien de lui-même, on doit lui adresser des demandes, mais il faut savoir quoi demander, comment demander et quand demander. Si vous savez cela, vous connaissez tout le secret : il est essentiel pour les Sionistes de bien le comprendre. »

CHAPITRE VIII

L'ENTENTE RÉFUTE SA PROPRE DUPLICITÉ

*L*A scène se joue maintenant dans les Marches orientales de la Mer Rouge, où depuis dix-huit mois le chérif Hussein avait rempli honorablement, loyalement et avec succès sa part d'affaire avec McMahon. La première phase de la révolte arabe avait pris fin le 25 janvier 1917 avec l'occupation de Wejh, sur quoi les insurgés poursuivirent graduellement leur route vers le nord, en combattant dans une série d'opérations qui atteignit son point culminant six mois plus tard par la prise d'Aquaba, événement important coïncidant avec l'arrivée au Caire du général Allenby, successeur de Sir Archibald Murray comme commandant en chef du corps expéditionnaire d'Egypte.

Aquaba devint du coup pour les Arabes ce qu'était le Caire pour les alliés anglais, c'est à dire la base pour la subversion non moins que la destruction militaire de la puissance ottomane en Syrie. La campagne politique affaiblit les Turcs par l'éloignement des Arabes de Syrie, grâce à une active propagande dont l'effet, dû au pacte

McMahon-Hussein, fut que les buts et les objectifs des alliés en osant la guerre, se confondaient avec ceux des Arabes, et que l'Entente victorieuse apporterait aux peuples arabes la liberté et l'indépendance. Cette propagande se révéla pleine d'un grand succès au point de vue politique et stratégique. Grâce à la défection des Arabes, les Turcs durent évacuer la Palestine méridionale, et l'avance d'Allenby sur Jérusalem fut grandement facilitée, non seulement par l'appui des irréguliers arabes sur son flanc droit, mais aussi par le vide dans les rangs turcs en raison du grand nombre de déserteurs arabes pendant l'automne de 1917, et en dépit des efforts déterminés du commandement allemand pour contrecarrer les effets de la propagande anglo-arabe, l'éloignement s'intensifia et les désertions continuèrent, jusqu'à ce que, pour citer Liman von Sanders : « Les forces anglaises en marche sur Jérusalem combattirent elles-mêmes au milieu d'un entourage pacifique, tandis que les Turcs, qui défendaient leur propre sol, combattaient au milieu d'une population manifestement hostile. »

Il est important d'observer ici que pendant la campagne politique mise en train par les autorités britanniques, les assurances qui amenèrent l'éloignement des Arabes dans l'armée ottomane et qui gagnèrent la fidélité de la population étaient toutes données au nom du chérif Hussein, aussi bien qu'en ce qui regardait l'indépendance arabe dans toute la Syrie (y compris la Palestine) à l'exception du Liban, où loin de faire valoir le nom d'Hussein, les alliés appuyaient sur la sollicitude prétendue de la France pour le futur bien-être de ses habitants.

La différence marquée entre la Syrie et le Liban était entièrement en accord avec les réserves faites au nom de la France par McMahon dans sa correspondance avec

Hussein, et montre en fin de compte qu'à l'époque de la marche d'Allenby sur Jérusalem, la Palestine n'était pas exclue du territoire dans lequel la Grande-Bretagne s'était engagée à reconnaître et à soutenir un État arabe indépendant et souverain. Les villes de Gaza, d'Hébron, de Jaffa et de Bethléem étaient déjà tombées, lorsque Jérusalem se rendit le 9 décembre, et à la fin de l'année presque toute la partie de la Syrie sud occidentale aujourd'hui connue sous le nom de Palestine, était occupée par les forces d'Allenby, dont l'avance avait été largement favorisée par le bon vouloir de la population civile arabe saluant ses « libérateurs et alliés » avec des manifestations d'amitié et des offres spontanées d'assistance. Des déserteurs arabes, officiers et soldats, affluaient parmi les lignes anglaises, et à Jérusalem, où l'autorité militaire avait ouvert un bureau de recrutement pour les volontaires désireux de servir sous la bannière d'Hussein, le zèle patriotique excéda le besoin en hommes à incorporer.

*　*　*

Le dispositif et la puissance de feu des troupes ottomanes en face des armées anglaise et arabe, donnent une idée de la valeur militaire de la coopération d'Hussein. A l'ouest du Jourdain, engagées contre le corps expéditionnaire d'Allenby, se trouvaient la septième et la huitième armées turques, comprenant la plupart des meilleurs éléments osmanlis, avec un fort contingent de spécialistes allemands, et commandées respectivement par Mustapha Kemal Pacha et par Jevad Pacha : mais en dépit de leur haute qualité, ces armées comptaient seulement 17.000 fusils, pendant qu'à l'est du Jourdain, combattant les Arabes, luttaient la quatrième armée turque et le deuxième corps réunis, avec une force combinée de 14.000 fusils et ajoutés aux 12.000 hommes maintenus à Médine et aux alentours. Les effectifs turcs engagés contre les Arabes à l'est du Jourdain et dans l'Hedjaz étaient donc numériquement supérieurs à ceux opposés à Allenby en Palestine.

A part le nombre sans cesse croissant des déserteurs arabes, et en outre des garnisons immobilisées par Feisal et ses frères autour de Médine et de Maan, formant un total de 20.000 hommes, les Turcs en avaient perdu plus de 14.000 dans les combats avec les réguliers arabes et avec les Arabes des tribus. Cette coopération de plus en plus effective en campagne entre Allenby et Feisal, poussa les Turcs à tenter un suprême effort en vue de rompre l'alliance anglo-arabe. Le bureau germano-arabe n'en épargnait aucun pour semer la discorde parmi les partisans d'Hussein et pour les amener à essayer des propositions de paix. Mais la propagande politique n'aboutit à rien, et les opérations militaires ne firent que stimuler les Arabes et allonger la liste des pertes des Ottomans.

La Convention anglo-arabe n'était plus un traité politique et militaire pour la forme ; son résultat n'était plus problématique : c'était un succès sans précédent, et, aux yeux des Arabes, elle était devenue une indestructible alliance, dans laquelle les deux partenaires, animés l'un et l'autre d'un esprit de loyale coopération, étaient résolus à pousser les choses à fond. Hussein avait accompli un grand acte de plus que l'honneur de sa signature au pacte avec McMahon ; il avait bien tenu et même mieux que bien tenu sa parole, et si la justice pure eût été sa récompense, il était déjà bien près d'atteindre le sommet de son ambition. Mais l'ère nouvelle venait à peine de voir le jour, lorsque soudain, sans aucun avertissement préa-

L'ENTENTE RÉFUTE SA PROPRE DUPLICITÉ

lable, deux coups successifs, terribles et dévastateurs, jetèrent la consternation et semèrent le découragement au véritable cœur de la révolte arabe. Il y a loin de Pétrograd à la Mecque, et pourtant c'est de la capitale russe qu'Hussein apprit comment il avait été trahi par l'Entente. Le premier des trois complices dans la tromperie Sykes-Picot à éprouver les fureurs de Nemesis fut la Russie, maintenant aux mains des Bolcheviks, dont le premier acte en saisissant le pouvoir avait été de publier les documents secrets extraits du pillage des archives du dernier ministère impérial des Affaires étrangères, y compris naturellement le texte du traité Sykes-Picot, dont le contenu et le sens furent immédiatement communiqués par la Porte au commandant en chef de l'armée turque en Syrie, Ahmed Jemal Pacha, qui fit du coup un dernier et résolu effort pour briser la rébellion arabe, en révélant à Hussein la perfidie de ses « alliés » anglais et français comme le Traité Sykes-Picot en donnait la preuve.

Le 26 novembre 1917, douze jours avant la chute de Jérusalem, Jemal Pacha envoya un message spécial au quartier général arabe à Aquaba, avec une lettre pour l'émir Feisal. Dans cette lettre, le commandant en chef rappelait le chef arabe au sens de l'honneur et à son devoir comme musulman, en lui donnant la preuve évidente, irréfutable, que son père et lui avaient été dupés en prenant les armes contre le Padischa, et que le texte du traité Sykes-Picot suffisait à démontrer que les promesses anglaises ayant poussé les Arabes dans la guerre et sur lesquelles ils comptaient pour leur indépendance, étaient complètement fausses, vu que l'Entente avait déjà décidé le démembrement de l'Empire ottoman et le partage entre elle de ses provinces arabes. Le commandant en chef turc soulignait qu'en homme d'honneur et en fidèle musulman, Feisal n'avait qu'une seule voie à suivre, celle de renier ses perfides alliés et d'échapper à l'aventure, correspondant à un suicide, dans laquelle il s'était aveuglement engagé, et de retourner une fois pour toutes à ; ses coreligionnaires, les Turcs, qui étaient prêts à une entente amicale avec les Arabes sur leurs aspirations nationales, en l'étendant à la concession d'une autonomie pleine et entière pour toutes les provinces arabes de l'Empire. Jemal invitait Feisal à venir lui-même à Damas, et promettait que les termes d'un accord turco-arabe quelconque en résultant seraient ratifiés par l'Hatti-Chérif impérial, et pleinement garanti par le gouvernement allemand. Dans son anxiété en vue d'assurer le succès de ses démarches, le gouvernement ottoman enjoignit à Jemal Pacha de rédiger un rapport public sur les ouvertures de la Turquie à Feisal.

Le 4 décembre, quatre jours avant la chute de Jérusalem, à un banquet donné en son honneur à Beyrouth, le commandant en chef, dans un important discours, annonça qu'il avait pris contact avec le chérif Hussein en vue d'une réconciliation avec les Arabes. Le texte complet du discours, traduit en arabe, fut publié dans tous les journaux de la Syrie, et des copies en furent envoyées à Médine et à la Mecque. Après avoir rappelé la situation politique et militaire, le commandant en chef s'exprimait ainsi :

« ... Les termes du traité secret, qui viennent d'être publiés à Petrograd, jettent la lumière sur le procédé par lequel les Anglais ont su gagner le chérif Hussein.

Dans la première partie de l'année 1916, la Grande-Bretagne, la France et la Russie ont conclu un traité secret qui était un blanc-seing pour amener une révolte des Arabes à embrasser les vues de l'Angleterre, laquelle, ayant besoin d'instruments et de pattes de chat pour l'accomplissement de ses desseins, encouragea certains Arabes à la rébellion au moyen de promesses menteuses et en les berçant de faux espoirs. L'infortuné chérif Hussein tomba finalement dans le piège que lui tendaient les Anglais, qui, ayant reçu de lui l'assurance de sa révolte, décidèrent d'assurer la défense du canal de Suez en pénétrant plus avant dans la péninsule du Sinaï. En fait, ce fut seulement après avoir acquis la certitude de la défection du chérif, qu'ils franchirent le canal. S'ils sont aujourd'hui aux portes de Jérusalem, c'est là la conséquence directe de la révolte à la Mecque. »

« Si la libération promise par les Anglais au chérif Hussein n'était pas un mirage et une désillusion, il y aurait eu quelque perspective, lointaine toutefois, de voir ses rêves d'indépendance se réaliser ; j'aurais pu attribuer un semblant de raison à la révolte dans l'Hedjaz. Mais les véritables intentions de l'Angleterre sont maintenant connues, et alors le chérif Hussein, qui porte la responsabilité de l'arrivée de l'ennemi devant les remparts de Jérusalem, subira l'humiliation qu'il s'est attirée lui-même en troquant la dignité à lui conférée par le Calife de l'Islam contre un état de servilité envers les Anglais. J'ai adressé récemment une lettre au chérif en lui présentant les faits sous leur véritable jour, et en lui dépeignant la gravité et les dangers de la situation présente. S'il est un vrai Musulman et possède les qualités et les sentiments d'un vrai Arabe, il se tournera contre les Anglais, et reviendra au troupeau du calife et de l'Islam. En lui écrivant, j'ai accompli ce que je considère comme un devoir envers notre foi, et je prie Dieu qu'Il inspire au chérif de suivre la voie de la sagesse, de la vérité et de la divine conduite... etc. etc. »

L'agonie mentale dans laquelle ces révélations avaient plongé le chérif et ses fils, fut considérablement aggravée par le discours de Jemal, et plus encore par la publicité donnée à ces déclarations dans la presse. Les Turcs avaient tiré le plus profit de leur opportunité, et avaient fait suivre le coup mortel porté à Hussein par les révélations de Petrograd d'une campagne de publicité destinée à exposer le chérif et ses fils à la fureur et au ressentiment de ses partisans, et à forcer ainsi la main à Hussein avant qu'il fût suffisamment en mesure de se familiariser avec la tournure nouvelle et inattendue des affaires. Du commencement à la fin de leur terrible épreuve, Hussein et Feisal demeurèrent abandonnés, sans un seul mot ou un signe de leur allié britannique, ce qui aggrava leur confusion et leur énervante incertitude, tout en augmentant leurs craintes et leurs soupçons.

Cette crise de l'histoire de la révolte arabe donne la juste note sur le chérif Hussein et sur son fils Feisal. Si la foi de ce dernier dans la loyauté de la conduite anglaise n'était pas sans être ébranlée, son instinct de piété filiale étouffait en réalité les mauvais pressentiments dont il était assailli. Au lieu de répondre à la lettre de Jemal, il la transmit à son père, lequel réagit de suite et d'une façon caractéristique. Il n'est pas donné à beaucoup de gens, même à de grands hommes, de traverser une pareille épreuve sans en éprouver quelque dommage, mais Hussein le fit à sa façon. Il ne perdit pas la tête un seul instant ; il ne chancela pas une fois ni ne jeta des regards effarés. Sa confiance dans ses « amis » demeura inébranlée. Il était superbe. Maître sévère et obstiné dans une faute, présomptueux à bien des égards et même brutal, Hussein était homme d'État comme ses actions le prouvent, Hussein était absolument candide : et moins

L'ENTENTE RÉFUTE SA PROPRE DUPLICITÉ

un homme est lui-même malhonnête, moins il est capable de voir ou de suspecter la malhonnêteté chez les autres. Bien qu'extrêmement soupçonneux et prudent de sa nature, il demeura sourd non seulement à ce qui apparaissait comme l'irréfutable évidence de la trahison anglaise, mais aussi à ses propres pressentiments et à une meilleure manière de juger. Il ne se serait pas permis de douter même de la loyauté de ses alliés jusqu'à ce qu'il eût entendu leur version de cette histoire. Il était impossible à un homme de son intégrité de croire des ministres responsables assez dénués de tout sens moral comme l'étaient les imposteurs politiques de Downing Street, étant surtout les dirigeants choisis d'une nation dont la fière devise est que la parole d'un Anglais est sa garantie.

Dans ses relations avec le gouvernement britannique, Hussein ne s'écarta jamais de la voie droite et resserrée d'une conduite loyale et honnête, et il avait le droit d'attendre le même traitement de la part de sa partenaire, mais sa loyauté inflexible, et surtout sa foi aveugle en l'honnêteté britannique, furent sa perte.

Bien que frappé et dévoré de craintes vagues, Hussein refusa tout net de parlementer avec l'ennemi. Il enjoignit à son fils de rejeter les propositions de Jemal, et cela fait, il fit passer le dossier complet au Haut-Commissaire britannique en Egypte, avec prière de fournir une explication concernant le traité secret (Sykes-Picot) qui faisait l'objet de la lettre de Jemal. Troublé au suprême degré et se sentant extrêmement pris au dépourvu, le Haut-Commissaire, Sir Reginald Wingate transmit l'embarrassante question d'Hussein au Foreign Office en sollicitant des instructions.

※　※　※

La réponse du gouvernement britannique, qui formait la première partie de son message, fut télégraphiée au Caire par le Secrétaire au Foreign Office, M. Arthur Balfour. Elle fut traduite en arabe à la Présidence britannique et transmise au chérif Hussein par Sir Reginald Wingate. La reproduction ci-après du télégramme n'est pas copiée du texte anglais original, actuellement dans les archives du Foreign Office, mais traduite de la version arabe même par M. George Antonius, Secrétaire général aux délégations arabes et délégué de la Palestine à la Conférence anglo-arabe de Londres pour la Palestine en 1939.

«*Des documents trouvés par les Bolcheviks à Petrograd, au Ministère des Affaires étrangères, ne constituent pas un accord actuellement conclu, mais consistent en procès-verbaux sur des échanges de vues provisoires et sur des conversations entre la Grande-Bretagne, la France et la Russie, conversations tenues dans les premiers jours de la guerre et avant la révolte arabe, en vue d'éviter des difficultés entre les Puissances dans la poursuite de la guerre avec la Turquie. Soit par ignorance, soit par malice, Jemal Pacha a défiguré le but véritable de l'entente entre les Puissances, et passé sous silence les stipulations concernant le consentement de la population intéressée et la sauvegarde de ses intérêts.*

Il a également ignoré le fait que l'explosion subséquente et le succès saisissant de la révolte arabe, aussi bien que le départ de la Russie, ont depuis longtemps créé une situation absolument différente.»

Cette réponse télégraphique préliminaire fut ensuite confirmée par une communication officielle du gouvernement britannique à Sir Reginald Wingate, par ordre duquel elle fut traduite et transmise à Hussein par le colonel J. R. Basset, agent britannique à Jedda. Ce, qui suit est la traduction par M. George Antonins du texte arabe remis au roi Hussein :

Jedda, 8 Février 1918

« *Je suis directement chargé par le Haut-Commissaire de Sa Majesté Britannique pour l'Egypte (Sir Reginald Wingate) de remettre à Votre Majesté le texte d'un message télégraphique que Son Excellence a reçu du Foreign Office à Londres, pour le transmettre à Votre Majesté au titre de communication du gouvernement de Sa Majesté Britannique. Le texte mot à mot est le suivant :*

Les motifs loyaux qui ont déterminé Votre Majesté à transmettre au Haut-Commissaire les lettres adressées par le commandant en chef turc en Syrie à Sa Grandeur l'Emir Feisal, ont causé au gouvernement de Sa Majesté la plus vive satisfaction. L'acte de Votre Majesté en cette occurrence est simplement un signe de l'amitié et de la sincérité mutuelles qui n'ont jamais cessé d'inspirer les relations entre le gouvernement de l'Hedjaz et celui de Sa Majesté. Il serait superflu d'insister sur le fait que le but de la Turquie est de jeter le doute et la suspicion entre les Puissances alliées et les Arabes qui, sous la direction et la conduite de Votre Majesté, s'efforcent noblement de recouvrer leur ancienne liberté. La politique turque est de semer la dissension en alléchant les Arabes par la croyance que les Puissances alliées ont des vues sur des pays arabes, et en représentant aux alliés que les Arabes peuvent être amenés à renoncer à leurs aspirations. Mais de pareilles intrigues ne peuvent avoir de succès en jetant le désaccord parmi ceux dont les idées concourent dans une intention commune vers un but commun.

Le gouvernement de Sa Majesté et ses alliés demeurent fermement résolus dans la poursuite de toute cause visant à la libération des nations opprimées, et sont déterminés à soutenir les peuples arabes dans leur lutte pour l'établissement d'un monde arabe où la loi remplace l'injustice ottomane, et où l'union prévale sur les rivalités artificiellement provoquées par la politique d'agents de la Turquie. Le gouvernement de Sa Majesté affirme de nouveau sa précédente garantie à l'égard de la libération des peuples arabes. Le gouvernement de Sa Majesté a jusqu'à présent dirigé sa politique en vue d'assurer cette libération, et telle est la politique qu'il est inflexiblement déterminé à poursuivre en protégeant les Arabes déjà délivrés de tous dangers et de tous périls, et en assistant ceux encore sous le joug des tyrans pour l'obtention de leur liberté. »

Les deux documents officiels précités forment un tissu de faux réfléchis. Ils évitent le fin mot de la question, étalent leur mauvaise foi et présentent des allégations totalement mensongères. L'accord Sykes-Picot de 1916 était un traité politique légalement ratifié entre les trois Puissances signataires, et par conséquent obligatoire, et c'était la découverte de cet accord authentique par les Bolcheviks qui avait rendu possible aux Turcs d'en révéler le contenu au roi Hussein en vue de lui ouvrir les yeux sur la vérité, et de l'amener à répudier une alliance dans laquelle il jouait le rôle de dupe. Les propositions de paix de la Turquie, entièrement suggérées par l'effet du traité Sykes-Picot, avait causé à Hussein la plus grave appréhension, et pour la confirmer ou la calmer, il avait agi comme il convient à un homme d'honneur, en soumettant les documents et les révélations qui l'avaient agité, à ses alliés, en sollicitant une réponse précise à une question précise ainsi simplement formulée :

L'ENTENTE RÉFUTE SA PROPRE DUPLICITÉ

« Est-il vrai, oui ou non, que les Puissances alliées, Grande-Bretagne, France et Russie ont conclu un traité secret, accord ou pacte affectant les futurs États des provinces arabes de l'Empire turc ? Et s'il en est ainsi, dans quelle étendue ? »

La réponse du gouvernement de M. Lloyd George n'était, comme nous l'avons vu, rien moins que précise ; ce n'était pas en réalité une réponse du tout, mais un pitoyable subterfuge destiné à tromper un fidèle allié. Le premier paragraphe du télégramme nie délibérément la véritable existence *« d'un accord actuellement conclu »*, et prétend qu'en fait le traité Sykes-Picot à trois consistait simplement *« en des procès-verbaux sur des échanges de vues et sur des conversations provisoires »* avec cet éclaircissement : *« tenues dans les premiers jours de la guerre et avant la révolte arabe »*.

En réalité, les pourparlers ayant abouti au traité Sykes-Picot eurent lieu en 1915 et en 1916, mais ne furent ratifiés ni définitivement, ni officiellement par les Puissances de l'Entente jusqu'à la fin du mois de mai 1916. Dans le second paragraphe, le gouvernement britannique évite encore l'issue en omettant de mentionner le traité, en accentuant par là sa précédente dénégation de son existence, et s'en réfère vaguement à « l'entente entre les Puissances » dont Downing Street accuse Jemal Pacha d'avoir malicieusement défiguré le but original.

Nous ne dirons pas ce que cet « original » a de distinct (selon toute présomption) avec le but subséquent. Et nous nous étonnons comment « des procès-verbaux sur des échanges de vues et sur des conversations provisoires » pouvaient contenir « des stipulations concernant le consentement des populations et la sauvegarde de leurs intérêts », stipulations qu'au dire du gouvernement britannique, Jemal Pacha avait « **passées sous silence** ». Le paragraphe final est le plus grossier, et pour cette raison le plus insolent de tous. Les auteurs du télégramme ne s'y donnent même pas la peine de déguiser leur mépris pour leur dupe au cœur sincère. Le document, en lui-même, est un truisme qui se passe de commentaire, mais par son contexte et par son inférence, il est à la fois menteur et contradictoire. En prétendant que « le succès saisissant de la révolte arabe et le départ de la Russie ont créé une situation absolument différente », il insinue que maintenant où les Arabes ont donné une preuve aussi frappante de leur prouesse militaire, les Puissances ont renoncé à leur intention de couper les territoires de l'Homme Malade au détriment des Arabes, qui seront désormais traités en alliés et en égaux, surtout si l'on en vient au partage des dépouilles de la guerre !

L'effondrement, appelé par euphémisme « départ », de la Russie, l'avait automatiquement affranchie de son rôle de partenaire de la Grande-Bretagne et de la France, de leurs obligations concernant le partage de provinces turques et arabes, en tant que les Arabes avaient besoin de redouter cette solution. S'il n'y avait jamais eu d'accord conclu entre l'Angleterre, la France et la Russie au sujet du statut futur des provinces arabes du sultan, mais seulement « des échanges provisoires et des conversations en vue d'éviter des difficultés entre les Puissances dans la poursuite de la guerre avec la Turquie », comment Jemal Pacha pouvait-il donc « dévoiler le projet de **l'entente** entre les Puissances, et passer sous silence **ces stipulations concernant le consentement des populations intéressées** et la sauvegarde de leurs intérêts ? Comment Jemal pouvait-il, malicieusement ou d'une autre façon, défigurer le projet original d'un « accord entre les Puissances » survenu comme résultat d'une « échange secrète et provisoire et de conversations » tenues dans les premiers jours de la guerre ?

Si incroyable que cela puisse paraître, le subterfuge du gouvernement britannique pour jeter du sable dans les yeux du chérif, en représentant les propositions de Jemal comme une ruse turque, obtint un succès sans précédent. Le pauvre Hussein avait une telle foi dans les marques de la droiture d'action anglaise, qu'il était incapable de pénétrer la tromperie éminemment transparente du gouvernement britannique, et ayant avalé le mensonge, il poussa sa conviction jusqu'au bout et se décida pour la guerre.

* * *

Presque en même temps que les révélations de Petrograd, d'autres semblables et également sinistres, arrivaient de Londres, où depuis la promulgation, le 2 novembre, de la déclaration de Balfour, des meetings enthousiastes en masse avaient retenti des harangues de Sir Mark Sykes et de Sir Herbert Samuel à la grande joie de la presse « anglaise » sous contrôle juif. Il est important de rappeler ici que tandis que la publication officielle à Londres de la déclaration de Balfour avait été l'occasion de réjouissances générales, le gouvernement britannique, qui avait tout le temps caché à ses partenaires arabes la véritable existence de la déclaration, s'abstenait même maintenant de leur en faire connaître la publication, et l'ignorait simplement, dans l'espoir que les Arabes n'en découvriraient rien jusqu'à ce que leurs services sur les champs de bataille ne fussent plus requis. Mais ils découvrirent, et cela à un moment où leur coopération active était plus que jamais urgente.

Au Caire, où la nouvelle transpira tout d'abord, une tempête d'indignation galvanisa les chefs arabes dans leur activité hostile, et en dépit d'une rigoureuse censure et d'un service de propagande extrêmement riche en moyens, les autorités britanniques éprouvèrent de grandes difficultés pour apaiser leurs mauvais pressentiments, en s'attirant la désaffection des partisans d'Hussein, et en empêchant l'effondrement en conséquence de la révolte arabe.

En Syrie, Lord Allenby, agissant d'après les ordres de Downing Street, supprima assidûment toute nouvelle relative à la déclaration de Balfour, regardée à juste titre par les habitants comme une réfutation de la liberté politique en Palestine. Théoriquement, un gouvernement exposé au danger doit succomber à un soulèvement politique habituellement provoqué par le dévoilement d'une supercherie aussi monstrueuse. Mais le Comité électoral de M. Lloyd George était inaccessible à la critique et pouvait se permettre de courir les chances qu'un gouvernement malsain n'oserait pas envisager. Afin de se tirer de cette nouvelle impasse, le Cabinet britannique eut recours à ce qui était devenu sa méthode admise pour traiter avec les Arabes, à savoir celle consistant à mentir.

En apprenant la déclaration de Balfour, le roi Hussein fut profondément frappé, et s'adressa à Sir Reginald Wingate pour une information précise quant aux termes de cette déclaration. La réponse anglaise fut caractéristique et en tout point conforme avec les précédents. Pour calmer les craintes des Arabes et prévenir un effondrement de la révolte, on décida d'induire Hussein en erreur

L'ENTENTE RÉFUTE SA PROPRE DUPLICITÉ

par une version totalement fausse de la déclaration de Balfour, dans laquelle le texte fut falsifié au point de le rendre complètement inoffensif pour les intérêts arabes. La tâche délicate d'aveugler ainsi le vieux roi fut confiée à M. David George Hogarth, archéologue et curateur du Musée Ashmolean, et maintenant lumière dirigeante au Bureau arabe du Caire.

Il était d'usage pendant la guerre de donner une certaine situation officielle à des employés civils, en leur octroyant temporairement un titre naval ou militaire :

C'est ainsi que M. D. G. Hogarth devint le commandant Hogarth, R. N., et comme tel arriva d'abord en Janvier 1918 à Jedda, où il fut reçu deux fois par le roi, qui fut vivement impressionné et complètement subjugué par le personnage et par l'apparente véracité de cet ambassadeur « naval » barbu et parlant arabe.

Le message officiel du Foreign Office qu'Hogarth était soucieux de délivrer verbalement, et non par écrit, était un faux bien combiné, destiné à rassurer Hussein et à préserver la révolte d'un effondrement. Il comportait un désaveu catégorique de la déclaration de Balfour et une réfutation absolument mensongère des termes hostiles à l'indépendance arabe. Hogarth donna sur place au chérif l'assurance explicite au nom du gouvernement britannique, que l'immigration juive en Palestine serait autorisée seulement **soumise à la liberté politique et économique de la population arabe**, alors qu'en réalité la déclaration de Balfour garantissait seulement les droits **civils et religieux des Arabes**.

En substituant sa propre version fictive de la déclaration de Balfour au texte véritable, le gouvernement britannique sautait le pas et l'annulait en réalité — car la différence entre le vrai texte et le texte faussé correspondait à la différence entre la paix et la guerre civile en Palestine. Si la déclaration de Balfour eût réellement garanti la liberté politique et économique des Arabes, comme le commandant Hogarth l'affirma solennellement, le chérif Hussein aurait fait tout le possible pour faciliter une immigration équitable des Juifs et pour favoriser une coopération pacifique entre les deux races : il donna en fait à Hogarth une assurance explicite à cet égard et consentit à soutenir cordialement toute mesure assurant la sécurité et le contrôle des Lieux Saints, des Chrétiens, des Musulmans et des Juifs, dans leurs pratiques religieuses respectives, mais il laissa entendre clairement avec profusion qu'il ne souffrirait jamais d'intervention quelconque dans la revendication arabe d'une souveraineté absolue, bien qu'il fût heureux de prendre en considération toute proposition raisonnable en vue d'appeler des conseillers techniques et administrateurs anglais ou français au futur gouvernement arabe en Syrie, y compris bien entendu, la Palestine.

Le découragement primitif et la réaction spontanée subséquente chez les Arabes à la suite du dévoilement et de la dénégation du traité Sykes-Picot reparurent avec le cas de la déclaration de Balfour. Interdits tout d'abord, Hussein et son fils, gens d'honneur et loyaux amis, refusèrent de chanceler jusqu'à ce qu'ils eussent connu le résultat de leur appel à leur partenaire britannique pour urne explication et une direction à suivre. L'effronté démenti d'Hogarth leurra complètement Hussein, qui, durant les mois qui suivirent, continua à témoigner son indissoluble loyauté et la sincérité de ses desseins. Il informa ses partisans en Egypte qu'il avait reçu du gouvernement britannique des assurances selon lesquelles l'indépendance arabe en Palestine ne serait nullement affectée par l'immigration juive, et il les pria instamment de ne pas perdre confiance en la garantie de la Grande-Bretagne et de ne pas s'endormir dans leurs propres efforts pour conquérir la liberté nationale. Il ordonna à son fils de s'employer lui-même de tout son pouvoir à calmer le trouble et le désarroi causés parmi ses partisans par la déclaration de Balfour. Il écrivit personnellement un article dans son organe officiel « *Mecca* », en rappelant aux Arabes de Palestine que leur religion, non moins que leurs traditions nationales, exigent l'hospitalité et la tolérance envers tous, y compris les Juifs, avec lesquels il adjurait les Arabes de coopérer dans l'avantage commun. Cet article ne reflète pas seulement sa propre liberté d'écart quant à la religion et à la race, mais il définit encore clairement la politique arabe à l'égard des Juifs avant l'avènement du Sionisme politique.

En Egypte, la déclaration de Balfour avait été interprétée avec un plein succès par les autorités anglaises, lorsqu'au mois de mars 1918 le Dr Weizmann arriva au Caire à la tête d'une commission sioniste pour mettre la dernière main à l'œuvre d'apaisement. Assidûment soutenu par le *Major*, l'honorable W.G.A. Ormsby-Gore (aujourd'hui Lord Harlech), officier politique adjoint à la Commission par le Foreign Office, le Dr Weizmann donna libre cours à ses facultés oratoires, et sut si complètement éblouir les Arabes, qu'il dissipa non seulement leurs craintes, mais les détermina encore à le soutenir dans la « coopération » sioniste-arabe dont il se faisait l'avocat. Musulmans et Sionistes se pressaient aux meetings tenus sous les auspices de la Commission, et les chefs arabes avaient été magnétisés par la douceureuse duplicité de Weizmann et d'Ormsby-Gore à tel point, qu'un des leurs, membre de la plus ancienne Société nationaliste syrienne, le Dr Faris Nimr Pacha, propriétaire de *l'al Muqattam*, un des journaux les mieux connus au Caire, mit tout le poids de l'influence de cette feuille au service de l'entente judéo-arabe !!

* * *

Au printemps de 1918, alors que l'alliance anglo-arabe en était arrivée à la veille d'une rupture par suite des révélations du traité Sykes-Picot et de la déclaration de Balfour, sept notables Arabes vivant au Caire, depuis longtemps ardents soutiens de la révolte et parfaitement au courant de chaque détail de cette histoire, décidèrent de tenter un effort résolu afin d'éclaircir la situation. Ils adressèrent en conséquence un mémorandum au gouvernement britannique, en exposant nettement leur propre cas et en réclamant un exposé également clair et intelligible des intentions de la Grande-Bretagne envers les Arabes, particulièrement en ce qui concernait la forme et la nature des gouvernements à établir en Syrie, en Palestine et dans l'Irak après la guerre. Lors d'un meeting spécial au quartier général de l'armée, au Caire, la réponse du Foreign Office, longuement attendue, fut remise aux sept pétitionnaires par M. Walrond, du Service des renseignements, qui les informa en même temps qu'une copie de ce document officiel avait été envoyée au roi Hussein.

Dans cette « Déclaration aux Sept », comme le communiqué du Foreign Office en portait le titre, le gouvernement britannique confirmait ses précédentes assurances aux Arabes, en termes moins ambigüs que dans l'autre communiqué public, et définissait explicitement les principes sur lesquels ces promesses étaient fondées. Il reconnaissait toutefois le territoire entier revendiqué par Hussein, sans aucune réserve, comme domaine de l'indépendance arabe souveraine, et faisait abondamment ressortir avec clarté que sa politique envers les habitants de la Syrie, de la Palestine et de l'Irak consistait « à libérer du joug ottoman les peuples opprimés dans ces territoires », à leur assurer leur liberté et leur indépendance, et à baser leur futur gouvernement sur le principe du consentement à être gouverné, principe auquel, affirmait-il, il conformerait toujours sa politique. Le gouvernement britannique promettait en outre solennellement qu'aucun gouvernement formel ne serait jamais constitué en Syrie, en Palestine et dans l'Irak, qui fût inacceptable pour leurs habitants.

La publication de cette affirmation fut secrètement suivie par cette adresse de Mount Vernon du Président Wilson en date du 4 juillet 1918, qui corroborait les principes développés dans la « Déclaration aux Sept », en stipulant que le règlement d'après-guerre serait basé sur « la libre acceptation de ce règlement par les peuples immédiatement intéressés ». La doctrine de libre détermination énoncée par les gouvernements anglais et américain a été reconnue depuis comme une duperie, et la « Déclaration aux Sept » n'était autre chose qu'une menteuse négation de la duplicité du gouvernement britannique, mais Hussein prit les deux déclarations pour argent comptant et les transmit à l'émir Feisal pour les répandre parmi ses partisans, dont le sombre découragement se transforma en un enthousiasme des plus farouches, quand le contenu de cette déclaration anglo-américaine fut connu partout. Le fait que ces garanties étaient données après les déclarations de Sykes-Picot et de Balfour accentua leur signification aux yeux des Arabes et stimula les forces de la révolte pour poursuivre la campagne avec une vigueur nouvelle.

※ ※ ※

En faisant leur entrée à Beyrouth le 8 octobre 1918, les premières troupes anglaises trouvèrent que cinq jours auparavant, le drapeau national arabe avait été hissé au nom de Feisal comme symbole de la souveraineté arabe. Les Français élevèrent une vive protestation et s'adressèrent au général Allenby par les ordres duquel le drapeau fut enlevé. La suppression péremptoire de cet emblème national dans toute sa signification avait allumé l'incendie dans l'opinion publique arabe à Damas et en Syrie à tel point, que Feisal eut les plus grandes difficultés à prévenir, un soulèvement général et même une mutinerie parmi ses propres troupes. Les choses empirèrent lorsqu'on apprit que Beyrouth et d'autres ports de Syrie avaient été occupés par les Français, et furent encore aggravées par des rapports de machinations sionistes en Palestine. Comme résultat de l'information troublante puisée aux sources turques durant la dernière partie de la guerre, et importée aux forces de la révolte nouvellement recrutées par leurs compatriotes à Damas et à Alep, les lieutenants de Feisal commençaient à douter de la véracité des assertions britanniques et émettaient de graves soupçons sur les intentions des alliés. Dans la crainte qu'une tempête politique vînt à s'abattre sur le pays, et en vue d'éviter un désastre, Feisal fit entendre sa protestation au général Allenby, et le prévint que la situation était devenue critique à tel point qu'il perdait le contrôle de ses forces et ne se tenait pas lui-même pour responsable

L'ENTENTE RÉFUTE SA PROPRE DUPLICITÉ

de ce qui pouvait arriver, à moins que les Alliés fissent sans retard une déclaration autoritaire touchant leurs intentions, dépourvue d'ambiguïté et loyale. Une fois de plus, sa propre perfidie plaçait l'Entente en face d'un désastre, et elle se prenait elle-même dans les filets de sa frauduleuse intrigue.

Le 7 novembre 1918, quatre jours seulement avant l'armistice, un communiqué officiel connu sous le nom de déclaration anglo-française fut remis en toute hâte à la presse par l'autorité militaire britannique pour être distribué partout en Syrie, en Palestine et dans l'Irak. Un effort déterminé était fait pour atteindre toutes les branches de la communauté dans l'étendue en long et en large des pays arabes, aussi bien dans les districts ruraux les plus reculés que dans chaque ville et hameau. Par déférence pour la pression de la France, dont le prestige, prétendait-elle, avait souffert lors de l'érection du drapeau de Feisal à Beyrouth, cette déclaration fut publiée en français, avec la France comme plus ancien partenaire mentionné en premier lieu dans le texte, dont suit une traduction :

« L'unique objet de la France et de la Grande-Bretagne en poursuivant sur ce théâtre oriental la guerre allumée par l'ambition allemande, est la libération complète et définitive des peuples si longtemps opprimés par les Turcs, et l'établissement de gouvernements nationaux et d'administrations nationales tirant leur autorité du libre exercice de l'initiative et du choix des populations indigènes. Animées par-dessus tout de ces intentions, la France et la Grande-Bretagne s'accordent pour favoriser et assister dans leur établissement les gouvernements et les administrations de nouvelle venue dans les parties de la Syrie et de la Mésopotamie déjà libérées par les alliés, aussi bien que dans les territoires qu'ils cherchent encore à libérer, et pour reconnaître ces gouvernements dès qu'ils seront constitués.

Loin de désirer imposer un régime politique particulier aux populations de ces régions, le seul souci de la France et de la Grande-Bretagne est d'offrir un soutien effectif et une assistance tels qu'ils assurent la marche coulante du travail, quelle que soit la forme de gouvernement et d'administration que les populations ont choisie de leur libre volonté : d'assurer une justice impartiale et égale pour tous ; de faciliter le développement économique du pays en favorisant et en encourageant l'initiative locale ; de soigner l'extension de l'éducation, et finalement de mettre un terme aux dissensions que la politique ottomane n'a que trop longtemps exploitées. Telle est la tâche que les deux Puissances alliées désirent entreprendre dans les territoires libérés ».

*   *   *

Dans ce rabâchage en toute l'acceptation du mot, les alliés proclament la sincérité de leurs motifs et se présentent en simples gardiens désintéressés des futurs États arabes librement constitués et se gouvernant eux-mêmes. Cela n'a pas lieu de surprendre de leur part, en raison de leur précédent exploit en matière de coquinerie politique, mais que le chérif Hussein et d'autres chefs arabes aient donné tout au long dans le piège, la chose serait inexplicable, surtout après les expériences récentes, si l'on ne se rappelait que la simplicité primitive et l'isolement des conditions sociales arabes, non moins que la droiture des Arabes eux-mêmes, les rendent incapables d'acquérir même un élémentaire aperçu de la politique réelle telle que la comprennent les politiciens de l'ouest, politique qui selon la remarque de Frédéric le Grand, est le plus souvent synonyme .de friponnerie, une qualification qui dans sa brève formule, s'applique aux conspirations politiques du vingtième siècle.

L'effet de la déclaration anglo-française fut instantané, et en quelques jours la tempête menaçante avait éclaté. Comme celles qui l'avaient précédée, cette déclaration proclamait la doctrine du gouvernement par consentement des gouvernés, et comme elles, elle arrivait à un instant critique et juste au bon moment pour empêcher une rupture entre la Grande-Bretagne et ses alliés arabes. Quatre jours après la promulgation de la déclaration anglo-française, l'armistice se signait, et avec lui l'effondrement final de l'Empire ottoman, en conséquence de quoi les provinces arabes du sultan devinrent les possessions de la France et de l'Angleterre. Ainsi s'évanouit le rêve d'une indépendance arabe souveraine.

3ème PARTIE

EXPÉRIENCES PERSONNELLES

CHAPITRE IX

LA SECONDE BATAILLE DE MEGIDDO

*E*N dépit de la campagne victorieuse d'Allenby, cette dernière invasion de la Palestine n'a pas rapporté plus à la Grande-Bretagne qu'une quelconque des précédentes n'a rapporté aux croisés ; mais alors que ces derniers échouèrent en raison de leurs campagnes vouées à l'avortement, la Grande-Bretagne dut renoncer aux fruits de la victoire parce qu'un gouvernement avide et corrompu l'avait hypothéquée à ses bailleurs de fonds, les Juifs. Les soldats d'Allenby combattaient donc à leur propre détriment, pour une oligarchie étrangère à laquelle ils avaient été vendus, et pour le bonheur et l'avantage de laquelle la Grande-Bretagne a sacrifié l'héritage de l'Empire.

* * *

Contrairement à presque tous les autres grands soldats de l'Angleterre, Lord Allenby, qui durant toute sa brillante carrière n'avait jamais servi aux Indes ou en

Orient, n'avait pas encore pris contact avec les différents Orientaux. Pour cette juste raison, alors qu'il commandait en France la troisième armée, il avait nettement déclaré à Lord Haig que jamais il n'accepterait volontiers un commandement en Orient, ne se considérant pas lui-même comme propre à l'exercer, et il ne le sollicita pas. Au cours des durs combats près d'Arras en 1917, la justesse du plan et la brillante direction de Lord Allenby ne furent pas sans éveiller quelque jalousie et de grandes hésitations dans la volière au Grand Quartier Général. Allenby ne se voyait pas toujours face à face avec le grand chef et ses favoris, et ne se faisait pas faute de leur parler et même de leur mettre sous les yeux, à la bataille d'Arras, une démonstration de la justesse de ses méthodes. Comme résultat et pour éloigner à bonne distance un dangereux rival, Lord Haig fut incité à le nommer au commandement du corps expéditionnaire d'Egypte, au grand regret de tous ceux ayant eu le privilège de servir sous ses ordres en France. Comme résultat direct d'intrigues hostiles au Grand Quartier Général, cette nomination revêtait le caractère d'une réprimande plutôt que celui d'une distinction, mais les événements survenus par la suite ont déjoué les complots des conspirateurs.

Sous Allenby, le corps expéditionnaire d'Egypte prit un genre de vie nouveau, marchant de victoire en victoire, jusqu'à ce que, le 19 septembre 1918, il passa à sa dernière et plus grande offensive, qui peut revendiquer l'honneur de compter au nombre des batailles les plus parfaites de la grande guerre au point de vue classique. La victoire d'Allenby à Megiddo, vraiment haute parmi les grandes choses accomplies d'autre part pendant la plus grande de toutes les guerres, fut un fait d'armes tel que chaque soldat en poursuit le rêve, mais dont bien peu le réalisent.

Tout à fait à la dernière minute, le commandant en chef allemand en Syrie, Liman von Sanders, acquit la conviction que l'attaque venait de l'aile droite anglaise, et rien ne se produisit qui pût contribuer à favoriser une autre impression. A part la concentration réelle et simulée de troupes, et de nombreux déplacements dans la vallée du Jourdain, des secrets officiels étaient répandus à l'effet de mettre le quartier général d'Allenby comme étant en marche sur Jérusalem, où un déploiement de fanions et de « branche-hais » du grand quartier général aidait à confirmer la rumeur. Les Turcs s'étaient rendus maîtres d'une patrouille d'officier porteur d'ordres concernant une attaque devant se produire contre l'aile gauche turque, et l'épouse du commandant en chef, Lady Allenby, était très occupée au Caire à lancer des invitations pour un banquet que Lord Allenby l'avait priée d'organiser, en manifestant l'intention de venir de Palestine pour y assister ; les invités et Lady Allenby elle-même étaient loin de soupçonner que les préparatifs de ce banquet et l'annonce de la venue de son époux au Caire n'avaient d'autre but que d'en faire bénéficier les espions ennemis, lesquels s'imaginaient peu qu'au lieu de présider le banquet à cette date, le général Allenby lancerait une attaque qui devait briser l'Empire Ottoman. La bataille est unique en ce sens que sa première phase eut pour témoins deux dames d'une grande distinction, spécialement invitées par le commandant en chef.

Lady Allenby et Mme Hampson Gary, épouse de l'agent diplomatique américain au Caire, furent spectatrices, au quartier général d'Allenby, de la campagne dans les quelques premiers jours de la lutte, bien que

LA HUITIÈME CROISADE

Mme Hampson Gary regrettât presque cette unique opportunité de remettre son départ du Caire pour une visite à la Palestine, visite dont elle appréciait fort peu l'importance, d'autant plus que les nombreux télégrammes d'invitation, qu'elle reçut, ne lui permettaient pas, pour des raisons évidentes, de soupçonner de quelle sorte de « divertissement » il s'agissait.

Une partie des préparatifs d'Allenby pour la bataille avaient consisté dans une sévère étude de toutes les campagnes qui ont été livrées sur ce terrain d'action militaire le plus ancien du monde. Après avoir pris connaissance du récit historique des batailles des anciens Egyptiens et Romains, il adopta pour modèle la campagne de Pharaon Necho en l'an 608 avant J.C. (campagne décrite tout au long dans la Bible), dont le fait culminant fut la victoire décisive de Megiddo, petit village de montagne, qui commande le passage vers les plaines d'Armageddon. La même place, plus de vingt-cinq siècles après, fut la clé du plan d'attaque d'Allenby et le théâtre de la plus grande défaite que les Turcs aient jamais subie.

Dans la matinée du 18 septembre, la concentration des forces britanniques dans la plaine côtière était achevée. Elle avait été effectuée pendant la nuit, aucune précaution n'étant négligée pour enlever aux Turcs toute apparence de ce mouvement, et un large usage des bois d'orangers et d'oliviers ayant été fait durant le jour pour y tenir les troupes cachées. Dès les premières heures du 19 septembre, le quartier général des armées turques fut bombardé par des avions, et à 4 heures 30 du matin, l'artillerie ouvrit un feu violent, à l'abri duquel l'infanterie quitta ses positions une heure plus tard. A 6 heures un quart, trois divisions de cavalerie s'élancèrent par la brèche qu'avait ouverte la 60ème division (Londres) en at-

LA SECONDE BATAILLE DE MEGIDDO

taquant l'extrême droite de la ligne turque à la côte. Au bout de trente-six heures, la huitième armée turque avait été culbutée, et la septième, sous les ordres de Mustapha Kemal Pacha (le futur Kemal Ataturk) était en pleine retraite, mais comme toutes les issues étaient déjà au pouvoir de la cavalerie d'Allenby, on s'empara pratiquement de tous les canons et bagages des deux armées.

Le commandant en chef allemand, Liman von Sanders, prit soin de s'éclipser à temps, mais ses papiers et d'autres de son état-major furent saisis au quartier général à Yilderim, à Nazareth. Une grande confusion régnait chez les Turcs. Des camps et des hôpitaux furent évacués en toute hâte ; quelques-uns étaient en flammes. Les routes étaient encombrées de transports et de troupes, et le désordre déjà existant fut accru par les attaques répétées de la force aérienne. Une grande quantité de moyens de transport et de nombreux canons furent abandonnés sur le côté des routes. Près de Khirbet Ferweh, sur un parcours de route de plus de 5 milles de longueur, on trouva 87 canons, 55 camions automobiles et 932 voitures.

Le 20 septembre, la défense turque était définitivement brisée, et le lendemain, toute résistance organisée avait cessé. Comme résultat, la quatrième armée turque, maintenant menacée de tous les côtés, battit en retraite, attaquée et poursuivie par des réguliers arabes et des Arabes des tribus, jusqu'à Damas, où ses restes épuisés de fatigue furent faits prisonniers, et le 26 octobre, la cavalerie occupa Alep.

Le jour de la bataille à son début, les forces turques comprenaient 4.000 cavaliers, 32.000 fantassins et 400 canons, auxquels Allenby opposait pour l'attaque 12.000 cavaliers, 57.000 fantassins et 540 canons. Le

29 octobre, les pertes anglaises s'élevaient en tués, blessés et disparus, seulement à 339 officiers et 5.400 hommes de troupe, sans compter les Australiens et New Zélandais. Les pertes réelles d'Allenby en hommes « tombés sur le champ de bataille » ne dépassaient pas en tout 500.

Si cette victoire décisive fut obtenue avec si peu de pertes de part et d'autres, le mérite en revient presque entièrement au Corps royal d'aviation. Depuis la matinée du 19 septembre jusqu'au soir du 25 du même mois, le facteur décisif dans la bataille fut sans contredit l'arme aérienne anglaise. Des troupes ottomanes battant en retraite en bon ordre par les collines, devaient à divers endroits traverser des gorges étroites, où elles furent exposées aux attaques aériennes incessantes et sans merci. Le 25 septembre, les septième et huitième armées turques étaient réduites à un amas de fuyards, relativement en sûreté tant qu'ils se tenaient aux collines, mais sur les routes, tous leurs canons, matériel de complément et transports furent détruits ou tombèrent aux mains de l'ennemi. Le contraste entre les conditions physiques des deux armées était frappant. Les Anglais étaient sains de corps et bien dispos, ayant l'avantage de posséder tout ce que la science moderne et une saine organisation peuvent procurer, et entraînés à accomplir des prodiges d'endurance, en supportant même la privation d'eau pendant de longues périodes. Les Turcs, d'autre part, souffraient des résultats d'une privation continuelle due à la négligence, surtout de la faim, à laquelle s'ajoutaient les ravages d'une malaria cruelle qui avait déjà auparavant réduit leurs forces ; leur condition était si déplorable, que chez le plus grand nombre des prisonniers, on constata l'existence d'un trachome aigu :

LA SECONDE BATAILLE DE MEGIDDO

Trois jours après la première attaque, l'armée turque avait cessé d'exister et ne se rallia jamais pour un autre état. Elle fut poursuivie sans relâche à travers la plaine d'Esdralon par Damas et Alep pendant 300 milles ; elle perdit 75.000 prisonniers et 360 canons, ainsi que tous les transports et l'équipement de trois armées. Le reste, tourbe battue, combattait pour trouver un sanctuaire en Asie Mineure.

* * *

On sait déjà que le général Townsend, retenu prisonnier depuis la chute de Kut, avait été mis en liberté par les Turcs en vue de négocier les termes de la paix. Accompagné de Tewfik Pacha, Townsend vint à Mudro, où tous deux furent reçus par l'amiral Sir Somerset Calthorpe, commandant la flotte de la Méditerranée. Calthorpe informa Tewfik Pacha qu'il avait plein pouvoir pour faire connaître aux plénipotentiaires turcs, dûment accrédités, les conditions auxquelles les alliés consentiraient à un armistice. Tewfik étant d'accord, un croiseur anglais fut envoyé pour amener les plénipotentiaires, avec lesquels des conférences s'ouvrirent le 26 octobre, et le 30, au cours d'une terrible tempête, l'armistice fut signé à bord du vaisseau amiral *Lord Nelson*, l'amiral Calthorpe étant lui-même seul signataire pour les alliés.

Le 31 octobre, six semaines seulement après la première attaque, Allenby reçut un télégramme l'informant que le commandant en chef des forces navales avait déjà conclu un armistice avec la Turquie, arrêtant les opérations ce jour à midi. C'est de cette manière surprenante que le général victorieux apprit la cessation des hostilités. Il était à ce moment dictateur sur toute la Turquie, la

Syrie et l'Egypte, aussi bien que sur les États adjacents de l'Arabie, mais son autorité était purement militaire, et la guerre ayant pris fin, il s'occupa de consolider sa position et attendit des instructions. Elles ne vinrent pas, et il dut purement et simplement endosser les pleines responsabilités d'une administration civile compliquée, et d'une politique internationale chaotique, sans la moindre indication sur la voie qu'on entendait le voir suivre.

A ce moment, le prestige militaire britannique avait atteint son apogée, et la population lasse de la guerre accueillit l'armée victorieuse comme le symbole d'une ère nouvelle de paix et d'abondance. Une joie et un soulagement véritables se manifestaient de toutes parts, non pas à cause de la défaite du Turc ou même de répulsion contre lui, mais parce que le long cauchemar de la guerre dévastatrice s'était au moins dissipé. Il arrive toujours qu'un calme subit succédant à une période prolongée de tension et d'efforts soutenus, produit une violente réaction qui, dans le cas présent, eut pour effet de magnifier l'occupation anglaise dans le crépuscule du millénaire. Le pays se sentit d'un coup lui-même comme faisant partie de l'Empire britannique et s'imagina que toutes les bénédictions d'Utopie se presseraient dans le sillon de l'armée. Comme il était tout naturel, ces fiévreuses attentes suscitaient un constant désir d'un signe extérieur et visible des bienfaits de la loi anglaise. Lord Allenby, à la tête d'une grande armée dans un pays dépourvu de tout genre de gouvernement, était appelé au rôle de dictateur par les habitants qui le saluaient comme tel, dans l'espoir qu'il rétablirait l'ordre chez eux et les ramènerait à des conditions normales. Le vœu suprême de la population était l'oubli de la guerre et un gouvernement. Ils étaient prêts à accueillir n'importe quelle forme de gouvernement, et disposés à obéir volontiers aux lois imposées par leurs gouvernants, pleins de la plus grande foi en la sagesse administrative et en l'impartiale justice de l'Angleterre, qui, attendaient-ils en toute confiance, développerait les ressources du pays et ouvrirait ses marchés au commerce britannique. Ils avaient vécu durant des siècles dans une atmosphère d'inertie et de déchéance sous la loi aisément capricieuse du Turc, loi dont l'extinction, dans leur idée, allait être suivie d'une ère de prospérité. On s'attendait à l'abolition pure et simple de la loi martiale et à l'encouragement donné à des rapports commerciaux avec les États voisins et autres, de même qu'à une entreprise de la Grande-Bretagne pour trouver promptement les moyens de défrayer le pays des dépenses de la campagne.

Des semaines et des mois s'écoulèrent dans cette énervante anxiété, dont les effets devinrent intolérables. Les Arabes réclamaient de vastes surfaces de pays qui leur avaient été promises, mais qui, ainsi qu'on le découvrit plus tard, avaient été préalablement attribuées à la France en vertu du traité secret Sykes-Picot. Chrétiens, Musulmans et Juifs saluaient la libre détermination sans avoir la moindre idée de ce que ce terme comporte. Les Français usaient d'intrigues par l'intermédiaire de leurs nombreuses missions catholiques romaines, qui purement religieuses en apparence, étaient en réalité des agences semi-politiques et en partie commerciales. L'immixtion dans les intérêts voilés sous le couvert de la religion par le pouvoir militaire ou civil est toujours une affaire délicate, mais comme résultat de l'hostilité de religieuses françaises à Haïfa, activement soutenues par tous leur coreligionnaires catholiques romains, les conditions étaient devenues intolérables, et la nécessité apparut d'appliquer un remède puissant à ce mode virulent d'intrigue politique. Toutefois le remède, bien qu'efficace, était humiliant, appliqué à la requête de Lord Allenby lui-même par l'Eglise de Rome en la personne du cardinal Boume, archevêque catholique romain de Westminster, qui, muni de la sanction pontificale, vint en Palestine et suspendit immédiatement l'activité anti-anglaise des diverses corporations religieuses, en installant le Père anglais Lamb comme supérieur des moines carmélites et en agissant avec les autres monastères et couvents de telle sorte, que la situation s'était considérablement améliorée avant même que Son Éminence quittât le pays.

Les conditions générales tenaient du phénomène. Les Turcs avaient plié armes et bagages, mais personne n'était là pour prendre leur place. Pendant des siècles, ils avaient gouverné, administré la loi, assuré les fonctionnaires de l'armée et de la police, et maintenant ils étaient partis, ne laissant derrière eux que la famine et la maladie. Au moment de la dernière grande bataille, le pays était divisé on, deux moitiés en opposition largement marquée. La partie sud, s'étendant juste à la ligne du front d'Allenby, avait prospéré sous l'occupation anglaise et était exempte de maladie. La partie nord, commençant aux tranchées turques, distantes seulement de quelques yards des tranchées anglaises, était rongée par la contagion. Allenby se convainquit avant la bataille que le succès dépendait de la rapidité avec laquelle les Turcs seraient réduits à néant, ses chirurgiens militaires l'ayant prévenu que dix jours seulement s'écouleraient avant que la malaria décimât ses troupes, une fois leurs propres tranchées, soigneusement tenues, abandonnées.

Lorsque les troupes anglaises assaillantes pénétrèrent dans le terrain occupé par les Turcs, elles furent infectées d'une malaria pernicieuse qui dix jours plus tard, opéra de tels ravages, que si les Turcs n'eussent pas été déjà mis *hors de combat,* ils se fussent ralliés et eussent tenu les leurs contre leurs poursuivants décimés. Les territoires d'occupation anglaise étaient non seulement exempts de maladies, mais étaient devenus riches au-delà des rêves de l'avarice, grâce au fait que des achats réguliers étaient largement faits en or anglais. D'autre part, les nordistes ou partie turque de la Syrie, avaient été réduits à la famine, en partie par les déprédations de l'armée, mais principalement à cause de la « mise de côté » de vivres et autres produits alimentaires par le commandant en chef turc Ahmed Jemal Pacha, et par de riches notables Syriens tels que les Sursocks et les Lotfallahs, amasseurs de fortunes considérables aux dépens de l'armée et de la population civile.

Depuis l'inauguration de l'*Entente cordiale*, la politique consistant à danser au son de la musique française a toujours été rigoureusement adoptée. Comme résultat d'une suggestion inspirée par le gouverneur général français du Soudan que pour calmer l'irritation des Français relativement à l'incident Kitchener-Marchand, le nom honni de Fachoda devait disparaître de la carte, Lord Cromer ordonna que le nom de Kodok serait promptement substitué pour toujours à celui de Fachoda ! Un traité conclu au XVIIe siècle entre le roi de France et le Sultan de Turquie stipulait que toutes marchandises échangées entre les ports français et turcs dans la Méditerranée seraient transportées, sinon toujours sur des navires français, du moins sur des navires battant pavillon français. En conséquence, si des navires anglais étaient envoyés d'Egypte à Beyrouth avec un chargement de froment ou autres vivres pour les Syriens souffrant de la famine, les Français protestaient en profitant de l'occasion pour constater que leur prestige serait sauvé en permettant aux navires étrangers de naviguer sous pavillon français et de livrer leur cargaison comme un don de la France. Cette impudente fantaisie fut généreusement agréée, et des navires anglais, avec cargaisons anglaises, payées avec la monnaie anglaise, faisaient voile vers Beyrouth sous pavillon français, et déchargeaient leurs dons bénéfiques au nom de la France. Les Français prétendaient que leur armée ayant combattu pour les alliés en France pendant la Grande Guerre, il n'était que juste pour eux d'avoir leur part entière aux dépouilles de la Syrie, bien qu'ils n'eussent pas été en état d'envoyer plus qu'une poignée d'hommes pour aider l'entreprise. Rien n'était trop bon pour les Français, dont la plus légère fantaisie, quoique née d'un caprice, était acceptée et satisfaite.

Les troupes anglaises s'étaient emparées du pays et le tenaient ; la monnaie anglaise et le travail anglais s'occupaient de le réorganiser et de le reconstruire, pendant que la France s'apprêtait à un coup l'exonérant de toute charge. Des voyageurs de commerce français, déguisés en soldats, furent employés à cet effet, et reçurent toute facilité pour visiter la Terre Sainte, où sûrs de l'immunité attachée à leur uniforme, ils étaient libres de caser leurs articles et de s'emparer des marchés en faveur des maisons françaises dont ils étaient les représentants.

La Palestine était inondée d'agents de la Standard Oil américaine, immédiatement reconnaissables comme délégués de la Croix Rouge, subterfuge particulièrement odieux à Allenby, dont les efforts pour y parer ne demeurèrent pourtant pas entièrement fructueux grâce au fait qu'à la tête de la Croix Rouge américaine se trouvait le Juif Davison, un des principaux partenaires de la banque Morgan, créditeur le plus important des alliés aux États-Unis.

Une réclamation fut élevée par la France et admise sans conteste par l'Angleterre, quant au droit de priorité comme gardienne des intérêts de l'Eglise catholique à Jérusalem et à Bethléem, titre difficilement conciliable avec le désaveu infligé à l'Eglise en France. Néanmoins, lors de la première célébration officielle de la Messe de Minuit à Bethlehem après la guerre, la veille de la fête de Noël 1918, le colonel Storrs, gouverneur anglais de Jérusalem, prit un siège sur le devant pendant que les représentants de la France, Georges Picot et le colonel de Méru, paradaient en grande pompe et recevaient les hommages dus à leur honorable autant que pieux office.

La Palestine se trouvait dans cette position unique, d'avoir une quantité inouïe d'argent à dépenser, et rien pour le dépenser. Pendant la guerre, hommes, femmes et enfants avaient non seulement trouvé des emplois lucratifs, mais l'armée d'occupation avait été une mine d'or. Une preuve convaincante de la richesse du pays serait fournie par les ventes hebdomadaires aux enchères auxquelles procédaient les autorités anglaises pour répartir les chevaux, mulets et ânes pris à l'ennemi, ventes qui suscitaient invariablement les offres les plus assidues des villageois, lesquels se considéraient heureux de devenir possesseurs d'une mule de basse qualité pour £40 ou d'un âne chétif pour £8 ou £10, le tout payé en bonnes livres sterling d'or anglais. A part ces ventes aux enchères, ils éprouvaient le besoin de dépenser leur argent, et une riche moisson attendait tout commerçant entreprenant, prêt à satisfaire les besoins d'une population qui manquait des choses les plus nécessaires à la vie, mais assez riche pour s'offrir le superflu quelque prix qu'elle dût le payer. Toutefois, le blocus de l'Allemagne après l'armistice eut sa contre-partie en Palestine, laquelle fut complètement bloquée sous la loi martiale et par «l'Administration du territoire ennemi occupé», une succursale du grand quartier général, plus connue comme O.E.T.A., avec des ramifications dans chaque centre principal. Les civils ou les honnêtes gens ne pouvaient aller et venir, les affaires de quelque envergure ne pouvaient être traitées et même de simples transactions se pratiquaient difficilement sur le marché des immeubles, parce que les lois du pays étaient tombées en désuétude, rendant les contrats nuls et sans valeur. En réalité, tout était devenu caduc dans l'attente de quelque nouvel état de choses qui remplaçât l'ancien, mais rien de nouveau ne se produisait, et l'incertitude continuelle engendrait une dépression, un désappointement et une fatigue dont le poids pesait sur chacun. Aussitôt après l'armistice, il devint évident que l'obstruction sous la forme la plus odieuse couvait parmi les fonctionnaires de l'O.E.T.A. (Administration du territoire ennemi occupé), qui comptaient beaucoup de Juifs, et réussirent à faire un joli coup en Palestine et plus tard en Egypte. Le blocus rendait les fonctionnaires responsables de leur administration avec contrôle absolu de tout le trafic entre la Palestine et le monde extérieur, et de là un monopole commercial dont les avantages étaient illimités. Le fonctionnaire de l'O.E.T.A. désireux de faire fortune le plus rapidement possible se trouvait dans une position unique, ayant la faculté d'administrer la loi et les douanes, de lever des taxes, de contrôler le marché et d'exclure toute concurrence, et pouvant jouir lui-même du seul droit d'importation et de vente des articles. Un pouvoir d'achat de puissance anormale combiné avec un manque total de chaque nécessité de vie fit immédiatement de la Palestine l'Eldorado des contrebandiers et le paradis des fonctionnaires ignorant le scrupule.

Les commerçants égyptiens avaient à payer des sommes fabuleuses aux fonctionnaires de l'O.E.T.A. pour permis illégaux d'importation en Palestine d'envois rigoureusement limités de froment et de riz, alors que la Palestine en était dépourvue, et où les vivres se vendaient à des prix élevés, alors que les ports égyptiens étaient obstrués par des stocks de froment, de riz et autres produits alimentaires que leurs propriétaires n'étaient que trop avides de vendre à n'importe quel prix. Les permis d'exportation étaient alors délivrés au Caire par des fonctionnaires de la nouvelle chancellerie à la résidence britannique.

Une affaire particulièrement lucrative se pratiquait avec l'alcool brut, pour lequel les patrons de débits de boissons à Jaffa, à Jérusalem et à Haïfa payaient joyeusement des prix fabuleux. Les pourboires extorqués étaient versés aux fonctionnaires ressortissant de l'O.E.T.A., au Caire, pour les permis d'exportation de l'alcool le moins travaillé et le meilleur marché, expédié en caisses de fer blanc, et dont le prix était maintenu au plus haut tarif en Palestine par un contrôle sévère des vivres. C'est ainsi qu'un bénéfice n'atteignant pas moins de £1.000, fut réalisé par un fonctionnaire juif de l'O.E.T.A. à Jérusalem et par ses associés, sur un simple transport par chemin de fer d'alcool brut expédié d'Egypte en vertu du permis de l'O.E.T.A., et payé comptant à une aiguille de la gare des marchandises à Jérusalem.

La corruption des fonctionnaires anglais plongeait dans la surprise ceux dont les oreilles retentissaient de l'intégrité britannique et était la cause immédiate d'une partie considérable des malheurs du pays. D'autres motifs de mécontentement provenaient de la déraison des procès des criminels de guerre et de malfaiteurs, ex-ennemis, qui pouvaient être ou ne pas être les plus grands scélérats du monde, mais on sentait que toute l'énergie, le temps et l'argent consacrés à rechercher les coupables et à les soumettre à une procédure interminable et souvent inutile, eussent été mieux employés à des objets plus pratiques. La satisfaction eût été générale, si les autorités britanniques s'en étaient prises aux vrais criminels, à ces familles de riches commerçants Syriens comme les Sursocks et les Lotfallahs, acquéreurs de fortunes considérables en accaparant le froment, alors que des milliers d'êtres humains mouraient de faim ; par contre il n'était pas jugé puéril et nuisible à l'œuvre de reconstruction, d'intenter des procès sans fin à des misérables sans importance.

Un certain nombre de colonies allemandes, fondées en 1886 par des émigrés allemands dont l'esprit religieux dominait à coup sûr le patriotisme, étaient disséminées en Palestine et en Syrie, mais les dernières générations sont devenues moins religieuses et très patriotes. Dans la décade précédant la Grande Guerre, la communauté allemande avait conservé tout à fait le type germain, le commerce et l'industrie du pays reposaient largement entre ses mains. Les villages, entièrement homogènes et vivant leur propre vie, offraient des modèles de méthode moderne d'économie intérieure. Les meilleurs établissements d'éducation et les écoles d'agriculture étaient allemands, et presque tous les consulats européens et les agences maritimes étaient entre leurs mains. Ils étaient rigoureusement antisémites. Lors de l'occupation anglaise, quand déjà, comme il a été expliqué, le pays se trouvait sous le couvert d'un moratorium, sans la moindre administration civile et sans autre mécanisme légal que la loi martiale, et sans argent, la situation réelle devint sans valeur, et toutes les affaires dans le pays et dans la propriété privée furent entièrement suspendues, un état chaotique dont les Juifs se dépêchèrent à tirer avantage. Comme résultat de l'insidieuse propagande juive, les colons allemands craignirent fortement des représailles de la part des Anglais, et un certain nombre d'entre eux vendirent leurs biens au Juifs pour une bagatelle, et quittèrent le pays sous l'influence de suggestion juive, que leur propriété serait confisqué et qu'eux-mêmes seraient déportés. La majorité, cependant, demeura dans une attente forcée, mais comme temps s'écoula et que rien de défavorable ne survie la confiance revint parmi elle, avec une assurant propre qui n'allait pas sans un certain mépris. De petit incidents dans la vie journalière servent à montrer 1 courant de l'opinion publique, et Lord Allenby fit une expérience dont il ressentit sur le moment une vive impression.

Il revenait à cheval de sa promenade habituelle d l'après-midi, accompagné d'un aide-de-camp, et tout deux descendaient le milieu de la Kaiserstrasse, artère principale du quartier allemand d'Haïfa. A ce moment les seules personnes qui s'offrirent à leurs regards furent trois petites filles allemandes, âgées de douze ans environ et venant de la direction opposée en se tenant par le bras. Il y avait suffisamment d'espace dans la rue ou un autre passage, mais les enfants marchèrent droit devant elles d'un pas décidé à l'encontre des cavaliers, et ce fut seulement en s'écartant vivement à dernière minute que Lord Allenby et son aide-de-camp évitèrent de renverser les petites filles, qui manifestèrent ostensiblement leur joie d'avoir obligé le commandant en chef anglais à leur céder la place. Cet incident bans en lui-même, en dit plus long que les paroles. Toutefois dans leur ensemble, les Allemands se tenaient à l'écart et ne causaient aucun trouble.

*   *   *

Outre les Allemands, la population de la Palestine comprenait un grand nombre de Juifs, de Levantins, de Syriens et d'Arabes. Les Juifs se répartissaient en deux groupes de communautés, les Sephardi et les Ashkenasi, les premiers fanatiques observateurs de la Bible, tandis que les seconds étaient pour la plupart des émigrés parlant le Iddisch. Les deux groupes avaient été à une époque longtemps rivaux, mais étaient maintenant unis. Il existait dans toute la Palestine de nombreuses stations juives dites « agricoles », mais c'était seulement des noms pour des colonies juives, et elles n'auraient pas existé si elles n'avaient pas été pécuniairement soutenues par des protecteurs tels que le baron Edmond de Rothschild, qui fonda et dota les plus importantes d'entre elles. L'agriculture n'attire pas plus les Juifs en Palestine qu'elle ne les attire ailleurs, mais pour des motifs politiques, il était fait grand tapage autour de ces « stations agricoles » subventionnées, indispensables pour des buts futurs.

Les Levantins représentent une race bâtarde non décrite de Chrétiens, dont les éléments comprennent des Grecs, des Italiens, des Juifs et des Syriens. Ils se consacrent entièrement aux affaires et à la bureaucratie. De véritables naturels de la Palestine sont les Syriens, bien que bâtards, eux aussi, ceux qui sont musulmans étant connus sur les lieux comme Arabes, et les Chrétiens comme Syriens. A cette époque, la grande majorité, soit 85% de la population, consistait en Syriens (650.000 musulmans et 75.000 chrétiens), généralement désignés en Europe comme Arabes. Les vrais Arabes, appelés sur place Bédouins, représentent quelques tribus nomades de l'Arabie, vivant sous la tente et se livrant à toutes sortes de travaux manuels. Un petit nombre s'est établi dans des villages disséminés.

Les difficultés de race, si mauvaises qu'elles soient, sont insignifiantes, comparées à l'*imbroglio* des intrigues religieuses et politiques. A proprement parler, religion et politique marchent la main dans la main en tant que les deux principales divisions entrent en cause. Juifs et anti-Juifs, ces derniers comprenant des Musulmans et des Chrétiens, bien que divisés en sectes religieuses et politiques innombrables, au premier signe de danger menaçant, mettaient fin à leurs différends intérieurs respectifs pour former un front musulman unique contre les Chrétiens ou vice versa, tandis que le lien le plus solide entre Musulmans et Chrétiens était leur haine commune des Juifs. Les principales organisations anti-juives étaient : la Société christiano-musulmane, la Société arabe anglophile et la Société chérifienne, comptant toutes un nombre considérable d'adhérents.

Les partisans de la France étaient les Maronites papistes au Liban et les Melchites, pendant que la Russie comptait les siens parmi la communauté orthodoxe, et la Grande-Bretagne parmi ses vieux amis, les Druses. Les Musulmans, qui formaient la majorité dominante de la population, étaient demeurés inaffectés par les intrigues politiques étrangères.

Quelques jours de répit aux querelles religieuses et généralement politiques eurent pour raison la joie causée par la nouvelle de la cessation des hostilités. Le 10 novembre, le compte rendu suivant en était publié par la section des renseignements au grand quartier général en Palestine.

« La révolution s'étend dans l'Allemagne occidentale et est en plein essor à Berlin, les rouges occupant une grande partie de la ville. On annonce que Leipzig, Stuttgart, Francfort et Cologne font cause commune avec la révolution. Une république bavaroise a été proclamée aujourd'hui à Munich. Ce matin à 7h30 le Kaiser, le Kronprinz et un vieillard, reconnu pour Hindenbourg, ainsi que l'état-major allemand, ont franchi la frontière hollandaise à Eysdon, se rendant au *Château* du comte Bentinck à Middachston. »

Le 11 novembre, on annonçait :

« *Le bureau de la presse a fait savoir qu'un armistice avec l'Allemagne a été signé ce matin à 5 heures pour entrer en vigueur à 11 heures.* »

Cette nouvelle causa une joie générale à sa réception, et après bien de retentissants hourrahs et d'interminables feux d'artifice consistant en fusées, en feux grégeois et en explosifs tirés de dépôts de munitions en conséquence, l'armée anglaise reprit ses positions et retourna à ses affaires, alors que l'attention se portait une fois de plus sur la politique et sur l'avenir du pays.

Le 12 novembre, le colonel Sir Mark Sykes, Bart. M. P., conseiller expert pour « l'Orient », arrivait au quartier-général de Lord Allenby, envoyé d'Angleterre par le Foreign Office pour procéder à une enquête et rendre compte de l'état général des affaires en Orient. Il était accompagné du major Chamberlain, chargé de l'assister et de le conseiller. Ce couple singulier semblait une réincarnation moderne de Don Quichotte et de son inséparable Sancho-Pança ; leur apparence extérieure, leurs idées fantasques et leur attitude excentrique, tout rappelait le type fameux de leurs devanciers.

Le fidèle acolyte de Sykes, choisi comme expert par le Foreign Office, était une large figure avec des tendances au repos et à la somnolence. Sa prétention d'expert jouissant d'autorité en matière, d'Orient provenait uniquement du fait que douze années auparavant, son frère et lui avaient passé l'hiver en Égypte, d'où ils s'étaient embarqués pour Beyrouth, avaient loué des mulets et un gourdin à Damas, et étaient revenus en chassant la caille en chemin.

Le 14 novembre, deux jours après l'arrivée de Sir Mark Sykes, le fameux George Picot, maintenant chargé d'affaires de France en Syrie, transférait sa résidence dans le camp politique du quartier-général d'Allenby. A ce moment, la présence de Picot causait un ennui considérable au commandant en chef, qui, en dépit des tentatives répétées du Français pour échapper à ses invitations, avait insisté pour qu'il vînt et demeurât au quartier-général, où son activité serait contrôlée. Rappelé à Beyrouth en qualité de Haut-Commissaire non officiel de France, Picot menait un genre tout à fait concevable d'intrigue, afin de créer une atmosphère politique anti-britannique favorable à la France en vue de l'occupation de la Syrie par cette dernière. Cet ardent jésuite anglophobe était un parfait coquin, mais en même temps une sorte d'halluciné. Il s'obstinait dans la poursuite de ses plans et poussa la chose jusqu'à réunir un parti de Maronites (Syriens catholiques romains) aussi dénués de scrupules que lui-même, et qui, sous le titre forgé de députation syrienne représentative, fit voile pour la France avec l'intention de faire appel, au nom de la Syrie, à la Conférence de la paix, à Paris, pour une occupation immédiate de ce pays par la

France. Malheureusement pour eux, les autorités britanniques eurent vent du complot, et lorsque le navire entra à Port-Saïd, les conspirateurs furent arrêtés et détenus en Egypte.

Pour s'assurer la coopération d'Hussein, la Grande-Bretagne, comme il a été précédemment mentionné, avait hypothéqué la Palestine et la Syrie aux Arabes, et là-dessus survint la déclaration de Balfour, assignant la Palestine aux Juifs. Il incombait maintenant à Lord Allenby de débrouiller le nœud, œuvre d'une diplomatie sans suite, qui assurait la Syrie aux Français aussi bien qu'aux Arabes, et la Palestine aux Arabes et aux Juifs. En vertu du principe que la discrétion est la meilleure part de vaillance, il fut décidé de garder la bonne foi avec les Français et avec les Juifs, aux dépens des Arabes. A cet effet, Hussein fut informé que si la Syrie lui avait été promise en 1916, on ignorait alors le traité Sykes-Picot parce qu'il était secret, et qu'ayant été conclu avant l'assurance donnée aux Arabes, il rendait par là même nul et non avenu l'accord avec eux concernant la Syrie, et à la requête urgente de Lord Allenby, les troupes d'Hussein évacuèrent Beyrouth et Damas en faveur de la France, et se retirèrent à l'intérieur du pays en attendant les événements. C'était le résultat d'une assurance formelle donnée par Allenby au chef arabe, l'émir Feisal, que la Syrie resterait occupée par des garnisons anglaises, et non françaises, jusqu'à ce que la Conférence de la Paix se fût prononcée quant à un règlement définitif. Ayant provisoirement surmonté cette difficulté, Sykes et Picot furent appelés par Lord Allenby pour expliquer, s'ils le pouvaient, les micmacs de leur propre traité, lequel, en raison de la libéralité étendue de ses concessions à la France, avait causé un désarroi énorme.

Picot adopta une attitude grossière et non engageante, en se tenant toujours à ce qui était une véritable duperie, Sir Mark Sykes, d'autre part, avait perdu l'intérêt pour son ancien traité et avait voué son impulsion météorique au salut des Arméniens, un dada qui l'obsédait pour le moment. La diplomatie secrète, jamais satisfaite, devient positivement un danger, livrée aux mains d'hommes tels que Sykes et Picot, dont l'impétuosité mal équilibrée, d'une part, et les plans sans scrupules de l'autre, sont cause de troubles sans fin peur leurs pays respectifs, outre la suppression des chances d'une solution satisfaisante pour la reconstruction de l'Orient moyen.

Lorsque pendant l'été de 1916, après la signature du traité Sykes-Picot, Hussein fit nettement sa déclaration aux alliés, il ne l'avait pas faite d'un cœur léger ou pour des motifs inconsidérés. Car pendant plus d'un an, la Grande-Bretagne avait pressé les dirigeants de l'Arabie de se soulever contre les Turcs, et bien que tous eussent reçu des armes et des sommes d'argent considérables, Hussein fut le seul à tenir sa promesse de devenir un actif allié, mais pas avant d'avoir définitivement reçu la garantie que pour leur coopération, les Arabes gagneraient leur unité et leur indépendance.

Le traité Sykes-Picot était par lui-même un obstacle effectif à l'unité arabe, et en tant qu'il concernait la Syrie et la Palestine, il rendait leur indépendance impossible : et le gouvernement britannique était si pressé de s'assurer la coopération des Arabes, que non seulement il se garda bien de divulguer l'existence du traité secret, mais qu'il leur promit encore comme récompense ce qui depuis longtemps n'était pas, en son pouvoir de promettre.

Il devient manifestement clair à la lumière des événements ultérieurs que si les Arabes qui combattaient en

Syrie sous la bannière de Feisal avaient été à même de savoir qu'ils aidaient à chasser les Turcs pour mettre à leur place les Français et les Juifs, ils eussent probablement préféré risquer leur vie pour le sultan.

* * *

Un des visiteurs fréquents du quartier général était le Dr Chaïm Weizmann, président de l'Agence juive et de l'Association sioniste, l'organisation internationale la plus puissante du monde. De taille élancée, et un visage d'une frappante ressemblance avec celui de Lenin, Weizmann se montrait infatigable dans son zèle pour le Sionisme, et ne regardait pas comme au-dessous de lui d'essayer de prendre les devants sur Lord Allenby, qui était dur comme une noix.

Un autre champion juif dans le camp politique au quartier général était James de Rothschild, bien connu dans les milieux sportifs de France et d'Angleterre, et qui, en dépit de sa nationalité, se trouvait en quelque sorte hors de son élément. Son père avait fondé et doté un certain nombre des colonies juives les plus importantes, y compris Bichon-le-Sion, une des distilleries de vin et d'alcool les plus considérables du monde, et «Jimmy» était un Juif pur-sang et consciencieux dans la diffusion de l'enseignement de son propre langage, l'hébreu, mais il était trop assimilé, et ne pouvait se déterminer lui-même à s'intéresser aux futiles projets et aux querelles d'un «mouvement national» purement artificiel.

* * *

LA SECONDE BATAILLE DE MEGIDDO

En Palestine, les Chrétiens étaient divisés en deux groupes principaux, les Catholiques romains et les Orthodoxes, avec plusieurs branches secondaires patronnées par l'une ou l'autre Eglise. Parmi les petites sectes, les Grecs orthodoxes, les Arméniens et les Coptes étaient soutenus par l'Eglise orthodoxe et par la nation russes, tandis que l'Eglise romaine jouissait de l'appui diplomatique et moral de la France, de l'Italie et de l'Espagne. La religion en Terre Sainte a toujours été surtout une entreprise commerciale, comme il ressort de la fervente, mais surprenante piété déployée par les différentes églises ayant des intérêts à Jérusalem et ailleurs. A Jérusalem, les églises sont seigneurs et maîtres dans leurs quartiers respectifs de la ville, où les prix de location, en particulier ceux des boutiques et des grands magasins, sont considérables.

Les grandes Puissances sont demeurées pendant des années dans l'attente d'un effondrement de l'Empire ottoman et ont assuré un premier choc aux fondations de l'Homme Malade sous le couvert de la religion. Durant les siècles pendant lesquels le Turc fut le gardien des Lieux Saints de la Chrétienté, il tirait des revenus solides des Eglises chrétiennes et des dons considérables de la jalousie des corps politiques et religieux. Il était rien moins qu'étroit d'esprit, et un exemple de la bonne nature et de la facilité d'adaptation du Turc (sans parler du sens des affaires) était donné au Mont des Oliviers, où un pavillon musulman surmontait un rocher sur lequel se voyait la véritable « empreinte du pied » de Mahomet. Pendant 364 jours de l'année, de dévots pèlerins musulmans apportaient leur obole pour être admis au privilège d'adorer l'empreinte sacrée, mais la plus large attention et la plus grande « porte » étaient toujours assurées le jour de l'Ascension, quand le gardien fixait une croix à la place du croissant au sommet du pavillon, et admettait les pèlerins chrétiens à adorer l'empreinte du pied de leur Sauveur, marquant l'endroit d'où Il était monté au Ciel.

Mais le Turc était tolérant dans son propre pays, et le justifiait pleinement en s'abstenant de tirer un avantage pécuniaire des envahisseurs chrétiens rapaces pour lesquels et pour la soi-disant religion desquels il professait le plus profond mépris. La même excuse n'existait pas quant à la conduite des églises, qui convertissaient Jérusalem en grenier départemental de la Chrétienté, en exploitant la foi de leurs ignorants prosélytes. Non seulement les monastères eux-mêmes jouissaient d'un commerce florissant, mais ils étaient encore en état de servir d'énormes revenus annuels à leurs églises parentes de Russie, de Grèce et de Rome.

Au mois de mai 1919, la hiérarchie grecque orthodoxe de Jérusalem émit un emprunt de pas moins de £500.000 et loin de se heurter à une difficulté quelconque pour l'obtention de cette somme énorme, il y eut dans les milieux financiers une compétition sérieuse pour y satisfaire. La Banque d'Athènes, entre autres, dépêcha un délégué spécial à Jérusalem pour en négocier les termes.

La guerre n'apporta aucune amélioration au code de loi morale en vigueur parmi les différents corps religieux, lequel continua à favoriser tous les crimes imaginables, fût-ce même le meurtre, au nom du Christ. La France tira un avantage considérable des nombreux établissements religieux en Syrie et en Palestine, véritables foyers d'intrigue politique. L'occupation militaire de la Syrie par la France était vivement ressentie par les habitants, qui donnaient à l'administration française un sujet d'inquiétude, à tel point que le colonel Cousse, qui commandait à

Damas, avait fait appel à l'assistance d'Allenby, lequel fit un voyage spécial au quartier général français, et donna des ordres péremptoires pour que les représentants militaires de la France fussent obéis.

Le temps passait, et aucun signe visible de politique régulatrice quelconque ou même d'intention politique de la part du gouvernement britannique ne se manifestait encore, d'où, comme résultat, les bruits les plus étranges mis en circulation et trouvant créance. On raconta un moment que l'autorité militaire supérieure française avait forcé l'Angleterre à renoncer à ses revendications en Syrie, et une autre fois que les Allemands avaient empêché la main mise sur la Palestine en menaçant de représailles en Europe, et aussi que la Grande-Bretagne avait vendu ce pays aux Juifs. Rien de tout cela n'était contredit ou confirmé au quartier général pour l'excellente raison que Lord Allenby n'était pas plus au courant que n'importe quel autre des intentions de son gouvernement, mais on supposait que le sort futur de tous les pays libérés se discuterait à Paris, à la Conférence de la Paix.

Le 6 décembre, Lord Allenby quitta son quartier général de Bir Salem pour une tournée d'inspection comprenant Alep et Adana. Pendant son absence, un incident devenu à ce moment l'objet de nombreux commentaires, se produisit à proximité du quartier général. Le camp de la brigade de cavalerie australienne, dont le quartier général se trouvait à Richon-le-Sion, fut visité pendant la nuit par un voleur arabe qui, découvert par un soldat, prit la fuite vers le village voisin de Surafend, poursuivi par le cavalier australien que l'Arabe tua en faisant feu sur lui. L'Arabe échappa dans l'obscurité, mais le bruit du coup de feu avait attiré les autres, qui, d'après la direction d'où ce coup de feu était parti, présumèrent que le voleur était un indigène de Surafend, et il ne fallut pas longtemps pour que les Australiens entourassent le village ; leur action fut prompte et bien à point. Les uns se postèrent à chaque issue, pendant que les autres pénétraient dans le village et faisaient sortir les femmes et les enfants qu'ils laissèrent passer sans leur faire de mal, et cela une fois fait, une partie des soldats, armés de gros gourdins, se répandaient dans les rues étroites et assommaient chaque homme qu'ils trouvaient, de sorte qu'ils en avaient tué 18 et blessé encore davantage ; après quoi ils mirent le feu au village, pendant que la brigade tout entière se rassemblait pour surveiller l'incendie.

A son retour, Lord Allenby fut informé de ce qui s'était passé près de son propre quartier général, et il donna immédiatement des ordres pour une revue de toute la brigade. Après leur avoir dit en véritable Anglais ce qu'il pensait d'eux, il les fit partir pour un pays infertile distant de quelques milles, les mettant hors d'état de nuire. La suite donne un aperçu typique de ceux en question ici. Les Australiens avaient organisé une réunion de courses à Bichon, réunion dans laquelle les événements survenus furent racontés à des officiers anglais, dont l'un, Lord George Cholmondeley, vainqueur dans deux courses, avait droit à des mises et à des prix, qui comportaient une coupe en argent ; mais les seuls compétents pour la distribution appartenaient à la brigade australienne : ils retinrent les mises et emportèrent avec eux en exil la coupe en argent.

Survint la Noël de 1918 qui se passa sans aucun nouveau développement dans la situation, et à cette époque les illusions s'étaient évanouies sur la victoire mirobolante d'Allenby, et seul le désappointement demeurait ; certaines sections de la communauté éprouvaient le sen-

LA SECONDE BATAILLE DE MEGIDDO

timent que la loi turque avait des avantages que ne possédait pas le régime britannique, et l'on entendait de tous côtés exprimer des regrets sur les « bons vieux jours » d'autrefois.

Trois mois s'étaient écoulés depuis l'anéantissement de l'armée turque, et, à leur propre étonnement, beaucoup de Turcs attendaient paisiblement à Constantinople la venue d'un conquérant qui ne venait jamais. Le temps est un grand remède, et ses propriétés calmantes n'échappaient pas à l'astucieux Osmanli, qui s'était remis dans une certaine mesure du premier choc de son désastre et recommençait à regagner du terrain.

En cette conjoncture, il fut décidé de renforcer les termes de l'armistice, et, muni d'instructions à cet effet, Lord Allenby, le 4 féyrier 1919, fit voile de la Palestine vers Constantinople, à bord du navire de Sa Majesté, le *Téméraire*, et accompagné seulement de quelques officiers de son état-major.

Contrairement à l'attente générale, aucune marque spéciale de distinction ne lui fut donnée à son arrivée dans la capitale turque, si ce n'est le salut des navires anglais stationnés dans le port et, sur le quai, une garde d'honneur fournie par les Écossais. Les navires français étaient enguirlandés des vestes et des pantalons de leurs équipages pendus à sécher, et les marins des navires des autres nations étaient trop occupés pour prendre note du Commandant en chef des armées alliées, dont l'entrée officielle dans la capitale de l'ennemi se bornait à un court parcours en auto du lieu de débarquement à l'ambassade d'Angleterre, en compagnie du commandant en chef de la place, le général Milne, de l'état-major et d'un ou deux amis, ni plus ni moins.

Le lendemain, le général français Franchet d'Esperey, qui n'avait pas la plus lointaine connexion avec la campagne turque, arrivait à Constantinople sur un navire de guerre, escorté pour le moins de toute une division. Au moment de son arrivée et pendant son entrée triomphale, Allenby était conduit par un général turc plein d'esprit au musée militaire historique de Stamboul. Le général français fut salué par le tonnerre de 100 canons de toute la flotte alliée, en même temps que par les batteries de la côte ; chaque navire du port était paré, et Franchet d'Esperey fit son entrée officielle à la tête d'une division, avec toute la pompe et la solennité que la France était en état de déployer.

Le contraste frappant entre les honneurs rendus aux deux généraux n'était pas passé inaperçu dans l'opinion publique orientale. Franchet d'Esperey avait complètement éclipsé Allenby, lequel quitta Constantinople le même soir sans plus de cérémonie qu'à son arrivée.

CHAPITRE X

Paris 1919

—

*L*E 12 mars, Allenby était invité à assister à la Conférence de la Paix à Paris, où il arriva le 19, et descendit à l'Hôtel Majestic, lequel, avec ses annexes, ainsi que l'Hôtel Astoria, était réservé exclusivement à la délégation britannique. Les exhibitions les plus extraordinaires de la Rome antique pâlissent dans leur insignifiance auprès des débauches de la Conférence de la Paix. Le Pandemonium avait élu son siège à Paris, où des dissipateurs dénués de saine raison semblaient venus du monde entier pour y tenir leurs jeux olympiques. Le concours était tel, le nombre des envahisseurs si considérable, que la capitale française était transformée en une foire universelle gigantesque. Chaque nation avait retenu tout entier au moins un des plus vastes et des plus coûteux hôtels des Champs Elysées pour ses délégués, qui, avec des armées de suivants pour escorte, s'abattaient comme les sauterelles et grouillaient dans toutes les directions.

LA HUITIÈME CROISADE

L'Hôtel Majestic offrait l'image d'une chaussée, d'un casino et d'un comptoir de Bourse réunis en un tout. Toutes les chambres étaient occupées par des hommes d'État, des feldmaréchaux, des amiraux, des politiciens, des diplomates, et par des spécimens d'experts en toute matière possible et impossible. On y voyait des conseillers, des potentats étrangers, des explorateurs, des savants, des auteurs, des artistes, des sportsmen, des journalistes et des aventuriers, outre un corps vraiment représentatif de montreurs de marionnettes et de gais lurons. Les halls, les bancs, les escaliers étaient encombrés par des secrétaires, des délégués et des scribes des deux sexes dont chacun, outre un salaire très large, occasionnel ou fixe, avait été pourvu d'une gratification de £15 ou £20 accordée selon le sexe, afin de se procurer des costumes en rapport avec leur luxueux entourage. Des reporters de la presse, le bloc-notes et le crayon à la main, voltigeaient d'une célébrité à l'autre, pendant qu'un tic-tac et un roulement continuels trahissaient la présence de photographes et d'opérateurs de cinéma. Des flottes de véhicules gouvernementaux sillonnaient les rues à toute heure du jour et de la nuit, vers une succession ininterrompue de meetings, d'entretiens pour et contre, ou en revenant. Mais en dépit de la luxuriante profusion de suivants à l'hôtel, on trouva que la prodigieuse activité mentale de M. Lloyd George, de M. Balfour et de M. Bonar Law nécessitait un lieu de retraite privé, auquel il fut dûment pourvu, somptueusement meublé et décoré, 23, Rue Nitot.[1]

---

1. Cette voie ouverte en 1869 (le terrain fut acquis par Mr. Nitot, un des bijoutiers fournisseurs de Napoléon). En raison du voisinage de la place des États-Unis, un arrêté du 8 avril 1949 lui donna le nom du vice-amiral des mers d'Afrique et d'Asie, le général Charles

Paris 1919

Ainsi reclus dans leur modeste garçonnière, à £1000 par an, des influences étrangères ne pouvaient empêcher les Grands Uns de demeurer eux-mêmes. Lloyd George pouvait machiner des complots, conférer, entretenir des amis particuliers, et discuter une situation, spécialement délicate, sans crainte d'indiscrétion, et Balfour jouait ses spirituels Nocturnes pendant les nuits d'insomnie. Des hommes politiques et autres célébrités allaient et venaient sans cérémonie, pendant que le côté social de cette réunion choisie était animé et embelli par les épouses et les filles de délégués de distinction. A l'Hôtel Majestic, les foules, et particulièrement l'incessante apparition d'étoiles de moindre grandeur, se prétendant engagées pour des missions momentanées et qui n'abusaient que les plus inconscients, étaient extrêmement irritantes. Toutefois, l'atmosphère quelque peu prosaïque de la Conférence de la Paix était plus que tempérée par l'afflux sans précédent de personnes marquantes, et par les sujets et les problèmes d'intérêt captivant que beaucoup d'entre elles étaient venues de tous les points du monde discuter et résoudre, et par l'effet véritablement surprenant du spectacle lui-même.

Les divisions administratives et politiques inaugurées par l'Entente dans les territoires arabes septentrionaux après la guerre étaient précisément celles que la Grande-Bretagne et la France avaient envisagées sous les clauses du traité secret Sykes-Picot, et qu'elles nourrissaient l'intention formelle d'établir en permanence, bien que ce démembrement de leur pays, en contravention flagrante avec les garanties britanniques, eût été à diverses reprises

---

Henri d'Estaing (au château de Ravel, le 24 novembre 1729 - Paris (guillotiné), le 28 avril 1794), qui prit part à la guerre d'Indépendance américaine.

et catégoriquement représenté aux Arabes comme seulement temporaire et nullement préjudiciable à l'issue sur laquelle la Conférence de la Paix avait seule le droit de décider. Afin de calmer les craintes des Arabes quant à la validité des garanties britanniques, le gouvernement anglais avait renouvelé les assurances spécifiques déjà données au nom du Foreign Office par McMahon, Hogarth et Allenby, et avait réitéré et confirmé les promesses et la politique non équivoque proclamées dans la déclaration anglo-française du 7 novembre 1918. En outre, Allenby avait lui-même solennellement assuré Feisal, lequel avait à plusieurs reprises protesté contre ces « mesures provisoires de commodité administrative », que le sort futur de la Syrie serait déterminé à la Conférence de la Paix conformément aux désirs de ses habitants, et pas autrement. Allenby ne fut d'ailleurs jamais coupable de fausse allégation. Etant lui-même la droiture incarnée et le véritable champion de l'honneur, il était incapable de suspecter ou de découvrir de la duplicité chez d'autres, et il ajoutait une foi implicite aux assurances qu'il avait été chargé de donner au nom du gouvernement britannique. Sa propre foi en l'intégrité de ses compatriotes, si nettement exprimée dans son ton et dans ses manières, dissipait effectivement tous les doutes et inspirait confiance aux autres.

Comme résultat de toutes ces professions en apparence sincères de bonne foi, l'émir Feisal, consentant à contre cœur, bien que provisoirement seulement, à « la division temporaire administrative de la Syrie », partit pour Paris au titre de champion de la cause arabe en faveur de l'unité et de l'indépendance à la Conférence de la Paix. En débarquant à Marseille le 26 novembre 1918 du croiseur anglais *Gloucester*, Feisal faisait sa première connaissance avec l'Europe occidentale et avec la stricte réalité de la trahison consommée qu'il avait instinctivement suspectée et redoutée depuis l'ouverture des négociations avec McMahon en 1915.

Il fut officiellement informé que le gouvernement français considérait sa visite comme absolument privée et ne le reconnaîtrait ni comme représentant ni comme personnage officiel. Loin de s'obstiner à Paris, Feisal accepta, en vrai philosophe, l'« invitation » à visiter les champs de bataille de l'ouest et partit de là pour l'Angleterre. A Londres, où il arriva le 10 décembre, il fut reçu avec toute la pompe et les cérémonies habituellement réservées aux potentats, mais le rêve agréable suscité par cette bienvenue ostentatrice ne tarda pas à se dissiper. Feisal apprit que les révélations de Petrograd dont Jemal Pacha lui avait donné connaissance au sujet d'une conspiration parmi les alliés, n'étaient pas « la fiction d'une malicieuse imagination bolcheviste », et que le traité Sykes-Picot était justement alors l'objet d'une violente querelle politique entre Lloyd George et Clémenceau.

Lloyd George avait découvert que dans les termes du traité, son conseiller expert Sir Mark Sykes avait assigné à la France le choix des territoires asiatiques du sultan et *la raison d'être* de toute la campagne, à savoir le vilayet de Mossoul avec ses gisements d'huile ; en outre, que le traité exemptait l'administration de la Palestine de la mesure de contrôle britannique que lui, Lloyd George, était résolu de lui assurer. En conséquence, il voulut annuler le traité sous prétexte que la Russie, une des signataires, l'avait dénoncé. D'un autre côté, Clémenceau soutenait que le traité n'en était pas moins obligatoire pour les deux autres parties contractantes. Le gouvernement français, sachant que le traité constituait la seule preuve de la reconnaissance, bien spécifiée par la Grande-Bretagne, de la part de la France aux dépouilles, était résolu à en soutenir la validité, uniquement soumise à telles interprétations pouvant servir ailleurs avec profit de base à un échange d'avantages réciproques. Clémenceau, dont la politique reposait sur le principe du *do ut des*, jouait un jeu d'attente et s'obstinait. A l'occasion, Lloyd George demanda à Clémenceau de consentir à ce que Mossoul aussi bien que la Palestine fût placé sous la juridiction britannique, comme juste compensation, comportant la cession d'une part substantielle de l'huile de Mossoul à la France, et après un grand déploiement de « délibérations » qui durèrent plus de deux mois, le gouvernement français accepta l'offre dans une note en date du 15 février.

Pendant ce temps, à Londres, Feisal, qui n'était, que superficiellement informé de la tendance générale des conversations anglo-françaises, subissait la constante pression du gouvernement britannique pour donner son assentiment aux objets que visaient ces conversations. Outre cela, le Foreign Office, activement pressé par les Sionistes et particulièrement soucieux de mettre la Conférence de la Paix en face *d'un fait accompli*, insistait lui-même auprès de Feisal, pour l'amener à reconnaître formellement les aspirations sionistes en Palestine.

Les quelques « amis » anglais, y compris l'archifourbe T. E. Lawrence, auxquels Feisal avait recours dans sa détresse, avaient été déjà stylés par le Foreign Office, et se montraient unanimes à le persuader qu'il ne courait aucun risque en concluant un accord avec les Sionistes, pourvu que cet accord reconnût pleinement les revendications arabes à l'indépendance.

De leur côté, les Sionistes affichaient le même zèle pour convaincre le chef arabe de signer un accord formel entre lui et Chaïm Weizmann, en vue de rendre la reconnaissance définitive et doublement assurée. A la requête du Foreign Office, Feisal avait reçu Weizmann, lequel lui avait donné la solennelle assurance que les Sionistes ne nourrissaient nullement l'intention d'établir une hégémonie juive quelconque en Palestine, et que leur unique désir était d'aider au développement du pays en tant que la chose fût possible sans préjudice pour les intérêts arabes. Le but de toutes ces assurances avait été d'étouffer les mauvais pressentiments de Feisal et de l'amener à croire qu'il pouvait être après tout nécessaire, soit dans les intentions des Sionistes, soit dans la politique du gouvernement britannique, d'avoir égard à leur mise à exécution, qui s'accorderait avec la liberté politique et économique des Arabes en Palestine.

Comme il était inévitable, Feisal était complètement à la côte. Désillusionné, trompé, abandonné par ceux sur l'appui desquels il avait compté, ne sachant ni l'anglais, ni le français, étranger aux méthodes de la diplomatie européenne, il offrait une proie facile aux forces combinées de la Juiverie, du Foreign Office et du Quai d'Orsay. Le sentiment personnel de sa faiblesse et de son isolement était encore aggravé par sa connaissance de l'hostilité invétérée de la France contre lui-même et contre sa cause. A part l'insolence voulue dont il avait été l'objet lors de son voyage à travers la France, il ne conservait aucun doute sur l'opposition du gouvernement français à sa nomination à la présidence purement titulaire de l'O.E.T.A. (Administration du territoire ennemi occupé) et il savait en outre que ce gouvernement était également opposé à sa prétention de représenter son pays natal, l'Hedjaz, à la Conférence de la Paix.

Feisal avait tenté de sérieux efforts pour retarder cette décision jusqu'à la réunion de la Conférence de la Paix, mais les circonstances avaient fait de lui l'objectif d'une offensive combinée des Juifs et de l'Entente, et ses poursuivants le pressaient sans relâche pour une réponse immédiate. Le concert anglo-juif de Downing Street était d'accord pour forcer la Conférence de la Paix à une décision obligeant Feisal à prendre le devant pour reconnaître formellement le prétendu droit du Sionisme à s'établir en Palestine, et bien qu'il fût parfaitement au courant du danger et de l'inconvenance de leurs machinations, il était débordé par l'inégalité de la lutte et hors d'état de refuser. Placé entre sa répulsion à embrasser la cause dans laquelle il pressentait instinctivement une grave menace, et son désir de se concilier le gouvernement britannique, il consentait à endosser l'accord, mais seulement à la condition que la Grande-Bretagne remplit ses garanties en faveur de l'indépendance arabe. Il inscrivit lui-même cette stipulation capitale dans le corps du document, et le signa, mais depuis que l'Angleterre a forfait à sa part des affaires, elle a violé la sainteté de celle-ci comme celle de tous les autres traités conclus avec les Arabes.

* * *

A son arrivée à Paris, au mois de janvier 1919, Feisal constata que le gouvernement français lui avait dénié la qualité de délégué à la Conférence de la Paix, sous prétexte que l'Hedjaz n'avait pas été officiellement reconnu comme État allié belligérant. C'était trop, même pour le Foreign Office, sur l'intervention duquel le Quai d'Orsay s'amadoua et accorda à la délégation de l'Hedjaz deux sièges à la Conférence.

L'hostilité française persistait néanmoins, et durant les trois mois de son séjour à Paris, Feisal se heurta à toute la force de la détermination sans relâche du gouvernement français en vue de réduire à néant la cause que son père et ses compatriotes l'avaient chargé de soutenir. Voyant l'inutilité de l'espoir de se faire ouvertement entendre à la Conférence de la Paix, Feisal suggéra que la France et la Grande-Bretagne consultassent les désirs des habitants de la Syrie, en ouvrant un plébiscite sur place, mais le gouvernement français s'opposa à la suggestion, parce qu'il savait fort bien que l'opinion publique en Syrie lui était amèrement contraire. Là-dessus, dans la conviction que les alliés avaient réellement l'intention de gouverner avec le consentement des gouvernés, ainsi qu'ils l'avaient promis à maintes reprises, Feisal proposa la constitution d'une Commission d'enquête, formée des États-Unis, de la Grande-Bretagne, de la France et de l'Italie, à l'effet de procéder en Syrie à la constatation de faits relatifs à l'attitude de la population elle-même à l'égard du démembrement du pays proposé par les alliés. Cette proposition finale de Feisal survenait à un moment quelque peu inopportun et causa un certain malaise au Foreign Office et au Quai d'Orsay.

Après la dernière visite de Sir Mark Sykes au quartier général d'Allenby à Bir Salem, il s'empressa d'avertir Lloyd George et Balfour ainsi que ses collègues français et juifs, des sentiments d'amertume que le sionisme avait suscités en Syrie et en Palestine, et les avisa de prendre leurs précautions pour détourner l'orage incontestablement prêt à fondre. Dans l'urgence de sa mission, le négociateur, confident de Lloyd George interrompit son voyage à Rome pour ouvrir son âme diplomatique au cardinal Gasquet, lequel jouissait du privilège de posséder les secrets politiques de la Grande-Bretagne les plus scrupuleusement gardés, deux jours avant le Premier Ministre lui-même ! Comme résultat des révélations de Sykes, une appréhension considérable prévalait dans les milieux politiques de l'Entente et du Sionisme. Incité par ses mentors juifs, Arthur Balfour s'enhardit jusqu'à adresser au Premier Ministre, M. Lloyd George, un memorandum pour l'exclusion complète de la Palestine du projet d'enquête proposé, tandis que Clémenceau insistait pour que la France y consentît uniquement en considération de ce que l'enquête s'étendait à la Palestine et à l'Irak aussi bien qu'à la Syrie. Par cette astucieuse insinuation, Clémenceau réduisait à néant la proposition de Feisal et rejetait en même temps la responsabilité de l'opposition sur Lloyd George. Ce dernier, comme Clémenceau avait de bonnes raisons de le savoir, était parfaitement au courant qu'une enquête sur place révélerait une hostilité unanime contre l'établissement de mandats de la Grande-Bretagne en Palestine et dans l'Irak.

Toutefois, Lloyd George jugea expédient tout d'abord de se montrer partisan de la proposition de Feisal, en partie afin de faire chorus avec le président Wilson, lequel avait chaudement épousé l'idée dès le premier moment, et aussi parce qu'il était important que le chef arabe demeurât aveuglé dans un rêve paradisiaque jusqu'à ce qu'Allenby, dont Lloyd George ignorait encore les qualités personnelles, eût été consulté et jugé en état de soutenir ou non la politique britannique à la Conférence de la Paix. Sur un pressant appel de Lloyd, George Allenby arriva de Syrie à Paris le 19 mars. Sa personne concentra sur elle la curiosité toute spéculative de chacun des charlatans de ce grand carnaval politique international. Grâce aux motifs purement imaginaires et tout à fait fantaisistes au point de vue religieux attribués à cette « croisade », et aux théorks également dépourvues de sens quant à l'autorité biblique de sa mission divine, Allenby jouissait d'une réputation mondiale de sagesse militaire et politique sans égale chez un homme de guerre ou un homme d'État de la Grande-Bretagne. De bons chrétiens du monde de langue anglaise, lequel comprend naturellement l'Empire britannique et les États-Unis, idolâtraient et béatifiaient leur héros, qui seul parmi toutes les célébrités dont regorgeait Paris, possédait l'inestimable avantage de vouer la Conférence de la Paix à la grâce de Dieu ! Etant donné les circonstances favorables, la présence et *l'appui* d'Allenby donnaient à Lloyd George une incalculable valeur.

Ces circonstances, cependant, n'étaient rien moins que favorables. Le moderne *Cœur de Lion* apparut aussi droit et incorruptible que son illustre et historique modèle et prédécesseur, et il devint évident une bonne fois que la présence d'Allenby, non seulement à la Conférence, mais dans la capitale française, constituait un danger dont le suprême aéropage était soucieux de se délivrer aussi promptement que possible.

Le 20 mars, lendemain de l'arrivée d'Allenby à Paris, Lloyd George tint dans sa retraite de la rue Nitot une conférence « secrète », dans laquelle le président Wilson appuya la requête de Feisal pour l'envoi en Syrie et dans les régions avoisinantes d'une commission inter-alliée d'enquête, et à la vive satisfaction d'Allenby et de Feisal, la proposition fut adoptée à l'unanimité. Immédiatement après cette honteuse *mise en scène*, un prétexte fut trouvé pour écarter celui qui s'était placé « sur le terrain avantageux de la vérité » afin de soutenir le droit contre l'injustice avec une indomptable loyauté dans son appui au défenseur d'une juste cause.

En dépit de la présence en Egypte de 60.000 vétérans de la guerre formant un corps capable et pourvu de tous les modes concevables d'artillerie de terre et aérienne, le bassin du Nil tout entier était la proie de l'anarchie, et le Caire même avait été isolé pendant deux jours par des bandes d'abjects et âpres vauriens, étudiants et Azharites, dont beaucoup n'étaient guère plus que des enfants. Le Ciel envoyait là une opportunité que des jongleurs politiques moindres que Lloyd George n'eussent pas laissé échapper. Juste trois jours après son arrivée et le lendemain de la déloyale conférence de la rue Nitot, la visite d'Allenby à Paris fut « brusquement coupée par les nouvelles d'un soulèvement général en Egypte », ce qui nécessitait son envoi comme Haut-Commissaire spécial ou provisoire.

Quittant Paris le 21 mars, il arriva à Marseille le lendemain et s'embarqua immédiatement à bord du destroyer de S. M. *Steadfast*, qui partit à 5 heures 15 du soir. En dépit d'une mer agitée et d'un vent violent, le *Steadfast* maintint sa vitesse de 30 nœuds jusqu'à 8 heures 30 du matin le 23, quand cette vitesse tomba à 22 nœuds. Etant tout neuf et à son premier voyage, le *Steadfast* n'était pas encore à point et en conséquence une certaine quantité d'eau ayant pénétré dans ses tanks d'huile, les machines durent marcher au ralenti.

Plus tard dans la journée, la vitesse décrut jusqu'à 20 nœuds, et le navire atteignit Malte à 9 heures 30 du soir, quelque peu vacillant après une dure traversée, et à 9 heures 40 accosta le croiseur léger de S. M. *Caradoc* qui attendait sous vapeur.

Allenby passa donc à bord du croiseur, qui leva l'ancre à 10 heures du soir et maintint une vitesse moyenne de 24 nœuds par une mer calme. Le 25, à 10 heures du matin, il fit son entrée dans le port d'Alexandrie, après une traversée de 64 heures ¾ depuis Marseille. A 3 heures 30 du soir, le même jour, Allenby arrivait au Caire et prenait son service à la Résidence. Le même jour et presque à la même heure, se tenait à Paris une réunion du Conseil supérieur, dans laquelle la proposition soumise à la ridicule conférence du 20 fut formellement adoptée et l'amendement du président Wilson approuvé. Pour compléter la farce, il fut décidé que chacune des quatre Puissances nommerait deux représentants au service de la Commission, et tandis que Clémenceau ne daigna même pas faire mine de choisir les deux Français, il est significatif de mentionner au moins que les « juges impartiaux » secrètement choisis pour représenter la Grande-Bretagne, n'étaient autres que nos vieilles connaissances, Sir Henry McMahon et le commandant D. G. Hogarth !

Complètement hypnotisé par les professions affectées de bonne foi des rapports officiellement contrôlés émanant de la Chambre du Conseil, et tout joyeux de la tournure en apparence favorable des événements, Feisal se décida à partir seul et se dirigea sur Damas, pour y attendre la venue de la Commission d'enquête des alliés. Délivré d'Allenby et de Feisal, le Conseil suprême pouvait en toute liberté procéder au règlement de la question d'Orient selon les arrêts de ses propres caprices politiques, avec le résultat que la Commission d'enquête, si discutée, ne fut jamais réalisée de fait. Le thème fut tronqué peu à peu sous la pression du Quai d'Orsay jusqu'à ce qu'il ne restât plus rien de la proposition primitive de Feisal. Le gouvernement britannique, qui était opposé à la motion de Clémenceau d'étendre l'enquête à ses propres sphères en Palestine et dans l'Irak, profitait de l'hostilité franco-juive à tout l'ensemble du plan comme prétexte pour faire lui-même machine arrière. Une Commission exista à l'occasion, mais ses deux membres étaient deux Américains dont le rapport fut passé au bleu pour trois ans par le Conseil suprême, et par suite complètement ignoré.

En raison du fait que la proposition de Feisal d'envoyer une Commission d'enquête en Syrie avait si fortement fait appel dès le premier moment au président Wilson, son ignominieux destin entre les mains de la Conférence de la Paix est toujours demeuré depuis totalement inexplicable aux Arabes. Toute l'histoire de cet événement particulier est d'ailleurs une caractéristique des Quatre, et donne la juste note des sentiments des trois membres européens du Conseil pour leur collègue américain. Le manque de sagacité politique chez Wilson a été prouvé par ses propres déclarations, et non moins par son incroyable suggestion du mois d'octobre 1918 au ministre français Jusserand, à savoir, que le territoire à enlever aux Turcs fût gouverné par des États américains, **car autrement ces derniers n'auraient pas d'occasion d'acquérir de l'expérience dans les affaires nationales !** L'homme capable d'une pareille remarque ne manquait pas seulement de sagacité politique, mais aussi de sens commun. Woodrow Wilson était une médiocrité, et pour mieux dire ce n'était qu'un zéro. Il était cuisiné à la Maison Blanche par le consortium politico-financier juif qui gouverne l'Amérique, et conservé par lui en tant qu'il avait servi leurs desseins.

Sa personne, non moins que sa mentalité imployable et étroite, faisaient de lui un masque idéal ou un cheval de parade, deux caractéristiques dont tiraient plein avantage les hommes à l'affût derrière le fauteuil présidentiel.

Le prototype anglais de Wilson était Arthur Balfour, dont le prestige et la réputation d'intégrité politique font de lui ce qu'il était indubitablement, le parfait figurant. Les platitudes sonores de Balfour à la Chambre des Communes ou ailleurs, pourraient être réunies en un volume pour donner une apparence de véracité incontestable à ce qui n'est en réalité qu'une mystification frauduleuse.

Que l'on se rappelle ses péroraisons au Parlement dans la défense des dépenses du gouvernement en armements aux États-Unis pendant la grande guerre. La Grande-Bretagne gémissait sous le poids de ses dettes à l'Amérique pour des achats de munitions et de vivres dont un pourcentage inquiétant était à la fois défectueux et déficitaire. L'Angleterre se trouvait sous une telle dépendance des États-Unis, que le gouvernement n'osa pas refuser ni même se plaindre à propos de munitions « creuses » ou de vivres gâtés ou endommagés, dont il était surchargé d'une façon aussi scandaleuse. Afin de bluffer le Parlement et la presse, le Cabinet créa une Commission de contrôle des achats sous la présidence de Balfour, avec mission de contrôler par un examen approfondi, et si nécessaire, de réduire toutes les factures pour fournitures de guerre des États-Unis. Il était manifestement impossible pour la Commission de procéder à un examen approfondi trop secret, mais des charges excessives étaient invariablement réduites par une simple décision, de sorte qu'une facture déjà fortement surchargée se montant à £500.000 encore élevée par arrangement à £750.000 avant de quitter les États-Unis, fut réduite en conséquence à £550.000 par la Commission anglaise de contrôle. Les £50.000 en plus furent réparties également (en tournant le coin) entre la maison américaine d'exportation et les membres de la Commission de contrôle. Sur quoi Balfour, en sa qualité de président, faisait une déclaration officielle pour montrer que cette Commission d'enquête avait réduit une facture américaine de munitions de £750.000 à £550.000, en sauvant ainsi £200.000 au Trésor, Balfour ignorant, il faut croire, que ses propres inquisiteurs avaient empoché net £25.000 sur une simple affaire !

Clémenceau ne faisait pas secret de son mépris pour le président Wilson. A la Conférence de la Paix, il le traitait avec une insolence voulue, affectant de dormir lorsque le président prenait la parole, et en s'éveillant à la fin du discours, il ignorait totalement la proposition de Wilson, affirmant à plusieurs reprises qu'il avait déjà auparavant fait lui-même la déclaration du président, et retombant dans son sommeil. Bien que les sentiments personnels de Lloyd George pour Wilson fussent les mêmes que ceux de Clémenceau, il trouvait expédient presque à chaque occasion de se rapprocher du président et de prendre fait et cause pour lui, simplement pour produire sur les Français l'impression de l'union fondamentale des délégations de langue anglaise. Mais en 1919, « Français » signifiait tout bonnement Clémenceau, et celui-ci était un roublard beaucoup trop vieux pour se laisser impressionner par les cabrioles démodées de Lloyd George au cours de ses exercices politiques d'équilibre.

Le quatrième membre du Conseil suprême était le Juif Sonnino, qui se tenait à l'écart, veillait, et, à la frontière des débats, se tenait prêt à saisir le moment où l'un des autres viendrait à faire un *faux pas*. Wilson n'étant plus qu'un figurant, et Sonnino un pirate plutôt qu'un collaborateur, les Quatre se réduisaient à Deux, Clémenceau et Lloyd George, dont le premier dominait complètement ses adversaires et ses collègues éclipsés.

Mais Clémenceau et Lloyd George étaient loin de représenter les autocrates qu'on supposait généralement en eux. Le Conseil suprême lui-même n'était pas l'exécutif de la Conférence de la Paix, mais seulement un mannequin mis en spectacle, et dont les ficelles étaient tenues derrière par le Sanhédrin Suprême de la Juiverie universelle. Sauf Sonnino, les trois membres Gentils du Conseil étaient secrètement surveillés et notés par leurs secrétaires juifs. Clémenceau était un judophile invétéré. Comme journaliste, il avait patronné et blanchi le fameux capitaine Dreyfus. Comme premier ministre pendant la guerre, et en face d'une opposition considérable, il nomma lé Juif Klotz son ministre des Finances. Paul Clémenceau a épousé une Juive, la fille de Moritz Szeps, l'éditeur d'aile gauche bien connu du *Neues Wiener Tageblatt*, et pour compléter le tableau, le secrétariat du premier ministre avait pour président un bouche-trou de Rothschild.

De même que Lloyd George, dont les antécédents juifs ont déjà été traités en détail, son principal secrétaire privé était le Juif Sir Philip Sassoon, tandis que Woodrow Wilson était, comme nous l'avons vu, le simple instrument de ses mentors juifs.

Allenby et Feisal une fois pacifiés et écartés du chemin, Clémenceau était libre de se consacrer à la réalisation de ses ambitions en Syrie. Il commença par informer la Conférence de la Paix que de petits pays ne prendraient pas part à ses délibérations. C'est pourquoi le sort de la Syrie et semblables devait être décidé par le Conseil suprême, qui informait les petits délégués de ce qu'il y aurait à signer et où signer. Un refus de leurs signatures aux édits du Triumvirat n'influait en rien la validité de ces édits, lesquels n'exigeaient pas l'approbation de ceux dont l'obéissance avait à les rendre légaux. En fait, le Conseil suprême imposait au monde plus d'arrêts sous forme de dictum, que la Sainte Alliance en avait imposé à l'Europe plus d'un siècle auparavant.

A la première nouvelle des fameux quatorze points du président Wilson, Clémenceau s'écria : *Et dire que le Bon Dieu lui-même n'en avait que dix !* Si Feisal eût saisi la signification de cette caustique remarque, il eût pu s'apercevoir par la désastreuse politique de paix de Wilson, qu'il était encore temps de sauver quelque chose du naufrage, mais les circonstances non moins que ses ennemis et ses amis prétendus étaient contre lui, et il se trouvait seul. Si un seul de ses nombreux conseillers avait eu la volonté et la faculté de l'éclairer, il eût pu constater qu'en dépit des belles phrases sur les droits des petites nations et sur la libre détermination, ou plutôt justement à cause de ces belles phrases, l'avis le plus sage toujours donné aux gouvernants d'un petit État est celui de La Fontaine :

Petits princes, videz vos débats entre vous ;
De recourir aux rois vous seriez de grands fous,
Il ne faut jamais les engager dans vos guerres,
Ni les faire entrer sur vos terres.

*   *   *

A son arrivée à Damas au commencement de mai après une absence en Europe de plus de quatre mois, Feisal trouva qu'une irritation générale et une répulsion grossissante dominaient le pays. La situation politique lui causait une inquiétude énorme, spécialement en raison de ce que la population, remplie d'une appréhension croissante quant à son sort futur, échappait à sa main. Peu de jours auparavant, Allenby avait quitté l'Egypte pour une tournée d'inspection en Syrie, et son arrivée à Damas coïncida avec celle de Feisal. La présence d'Allenby était un puissant facteur pour le maintien de l'ordre et la préservation de la paix, considérations que Feisal appréciait, mais dont les avantages étaient contrebalancés par le fait qu'officiellement du moins, cette présence d'Allenby à Damas ne laissait pas présager une assistance anglaise en faveur des Arabes contre la France ou même contre les éléments turbulents des propres sujets de. Feisal, mais c'était au contraire un signe de solidarité anglo-française et d'une, détermination du gouvernement britannique de soutenir l'autorité de la France en Syrie.

En sa qualité de commandant en chef en Orient, Allenby renforcerait son autorité par les Français aussi bien que par les autres alliés subordonnés à son commandement, et en s'opposant aux décrets de la France, les Arabes porteraient un défi à l'autorité militaire suprême dont Allenby était la tête, un fait qu'à la requête pressante et réitérée des Français eux-mêmes et beaucoup contre sa propre inclination, Allenby avait continuellement à persuader aux Arabes, lesquels d'ailleurs faisaient peu de cas de ses admonestations.

En dépit de ses efforts rigoureux, Feisal n'arrivait pas à endiguer le flot d'agitation et de sombre rancune grossissant dans le pays, et qui atteignit son point culminant lorsque le parti politique secret, lequel avait organisé une résistance nationale à l'intervention étrangère, se déclara ouvertement et montra les dents. Feisal avait à ce moment perdu absolument tout contrôle, et ne jouait d'autre rôle que celui de figurant aux démonstrations patriotiques et monarchiques. Un corps connu sous le nom d'Assemblée Nationale, ayant pris les affaires pour son propre compte, tint sa première réunion publique à Damas, le 2 juillet 1919, et s'intitula lui-même Congrès Général Syrien. C'était un corps représentatif dont les membres étaient tirés de toutes les parties de la Syrie, bien que certains délégués, élus constitutionnellement sous l'occupation française, eussent été avertis d'attendre l'ouverture de la conférence à Damas. A cette assemblée d'inauguration, le Congrès Général eut à se prononcer sur les demandes suivantes :

1. Reconnaissance de l'indépendance de la Syrie et de la Palestine comme unique État souverain avec Feisal pour roi, et reconnaissance de l'indépendance de l'Irak.
2. Rejet du traité Sykes-Picot et de la déclaration de Balfour, et de tout autre plan quelconque pour le partage de la Syrie ou pour la création d'une hégémonie juive en Palestine.
3. Désaveu du système anglo-français de mandats, en acceptant une forme restreinte de collaboration étrangère, américaine de préférence, ou sinon anglaise.
4. Refus du patronage français ou de collaboration française sous n'importe quelle forme.

Alarmées pour leur propre sécurité en raison de l'hostilité croissante des Syriens, les autorités militaires françaises avaient fait appel à Allenby, qui une fois de plus se rendit à Damas et exigea d'une façon péremptoire une soumission immédiate au représentant de la France en la personne du colonel Cousse.

Mais le prestige d'Allenby avait souffert en raison des violations répétées par son gouvernement des garanties données, pendant que la popularité et l'autorité de Feisal avaient été éclipsées par le Congrès Général, dont la politique rigoureusement nationale et anti-française tendait à jeter le ferment d'une révolution dans le pays déjà fortement agité.

* * *

Pendant ce temps, à la Conférence de la Paix, les relations anglo-françaises quant à la question de l'Orient avaient revêtu une tension qui touchait à la rupture.

Les agents politiques français à Damas, en vue d'amener les affaires à leur plus haut degré d'acuité, avaient-ils enflammé les passions virulentes de la populace syrienne ? La chose est incertaine ; mais il n'est pas question de considérer quels motifs précipitèrent la crise à Paris. Une campagne, déchaînée et conduite par les favoris de Clémenceau, avait mis en mouvement une portion considérable de l'opinion publique française, enflammée en outre par les ridicules dénonciations de la presse « des intrigues impies de l'Angleterre en Syrie ». A en croire les journaux français officiellement inspirés, la Grande-Bretagne essayait de se dérober à ses obligations du traité Sykes-Picot, en excitant les Arabes à contester les « droits » de la France en Syrie. Satisfait de cette *mise en scène* expressément combinée par lui pour la préparation idéale d'un autre de ses coups à grand spectacle, Clémenceau, reprit place et attendit. L'initiative reposait maintenant sur Lloyd George, qui répondit d'un seul coup en prévenant le prochain mouvement du Premier français. Aux termes du traité Sykes-Picot, ce dernier, très rusé, avait annexé Mossoul à la France, qui la conserva en attendant le jour où elle gagnerait en l'échangeant. Ce jour était arrivé, et Clémenceau était prêt maintenant à céder Mossoul, qu'il ne revendiquait pas, en échange de la Syrie, pour la possession de laquelle la France eût payé n'importe quel prix.

Le gouvernement français s'était montré explicite en posant son cas, qui était inexorable. Ses « droits » à un protectorat en Syrie, assurait-il, reposaient sur une tradition vieille comme le temps, étaient incontestables, et en outre, selon lui, l'amitié anglo-française dépendait entièrement de la reconnaissance immédiate de ces droits par la Grande-Bretagne. Ayant décidé une bonne fois qu'il n'existait aucune alternative, Lloyd George fit à Clémenceau une offre destinée non seulement à satisfaire la France, mais aussi à réduire les frais formidables du maintien de l'armée anglaise d'occupation en Syrie. Lloyd George proposa donc le retrait des garnisons anglaises de Syrie et de Cilicie en les faisant relever par des troupes françaises en Cilicie et dans la Syrie occidentale, mais dans la Syrie orientale, par des forces arabes, qui grâce à cette dernière condition, conserveraient automatiquement le droit de garnison à Damas et à Alep. La stipulation permettant aux Arabes d'occuper en permanence leurs propres villes dans la Syrie orientale était insérée par Lloyd George (Clémenceau se montrant indulgent) avec l'intention formelle de décevoir Feisal, et incidemment, de la part de Clémenceau, de permettre à Lloyd George de sauver la face avec le consentement de la France, car on craignait en Angleterre que l'évacuation totale et immédiate de toute la, Syrie par la Grande-Bretagne à l'avantage exclusif de la France, ne portât un rude coup au prestige britannique en Orient.

On ne saurait faire ressortir avec trop d'emphase que Lloyd George avait définitivement décidé de laisser à Clémenceau la main libre dans tout le territoire que les termes du traité Sykes-Picot adjugeaient à la France, mais qu'il avait à dessein ajourné le retrait des garnisons anglaises jusqu'à ce que leur départ pût s'effectuer en échange de l'inclusion de Mossoul dans la zone britannique, la France devant recevoir la moitié du produit des sources d'huile de Mossoul. En vue de donner au procédé un semblant d'intégrité, il fut décidé d'inviter Allenby et Feisal « à assister aux délibérations de la Conférence de la Paix », mais l'invitation omettait de mentionner le caractère particulier des « délibérations » pour lesquelles leur présence était désirée.

En conséquence, Allenby partit d'Egypte le 5 septembre, et arriva à Paris le 9. Il fut reçu à la gare de Lyon, au nom du gouvernement français, par Georges Picot, Haut-Commissaire français en Syrie. Le lendemain, 10 septembre, il quitta Paris pour être l'hôte de Lloyd George à Deauville, où le Premier Ministre, harassé, s'était retiré avec l'intention avouée de soustraire le règlement des affaires d'État urgentes à l'importunité et aux interruptions de l'Hôtel Majestic et de la rue Nitot. Lloyd George lui-même occupait une villa bien meublée, sur le terrain même des pentes boisées juste en dehors de la ville et avec la vue sur celle-ci. Le personnel de l'entourage du Premier Ministre à la villa comprenait Sir Auckland Geddes, Sir Maurice Hankey, Lord Riddle et Sir Robert (maintenant vicomte) Home, Miss Law (fille de Bonar Law) et ses secrétaires privés, Miss Stevenson, M. Philip Kerr (maintenant marquis of Lothian) et M. Davies (depuis Sir John). « On attendait » aussi le peintre de portraits distingué, Augustus John.

Lord Allenby et son état-major, comprenant le général Sir John Sea et le capitaine R. G. Borthwick étaient installés séparément près de là à l'Hôtel de Normandie, réminiscence, il est vrai passagère, de la grande sérénité et du luxe d'avant-guerre, idéal que pas un des compagnons d'Allenby n'avait goûté depuis 1914, et les cinq jours qui suivirent passèrent trop vite au milieu d'un agréable entourage et par un temps superbe. Après le déjeuner, les plus vieux lisaient leurs journaux ou admiraient le site du haut de la terrasse, pendant que Lloyd George posait pour son portrait devant Augustus John, et les membres les plus jeunes de la société, avec les dames, se rendaient en auto à Deauville pour les bains ou pour le tennis. Les après-midi amenaient une variété de plaisirs à l'intérieur ou au dehors, avec réunions pour le thé et plus tard pour le cocktail, pendant que les soirées, ouvertes par de fins dîners au Casino ou à l'Hôtel de Normandie, s'achevaient dans la nuit par des danses, des soupers et des réjouissances jusqu'aux heures matinales.

Lloyd George, Lord Riddle, Sir Auckland Geddes et Lady Astor étaient toujours sur la brèche et se délectaient eux-mêmes tout comme les plus jeunes. Les prix étaient énormément élevés, et les frais d'entretien, même pour un petit nombre d'invités et pour le personnel domestique, étaient effrayants. A l'Hôtel de Normandie, une modeste chambre sous les toits sans aucun extra, même une tasse de café, coûtait £5 pour une nuit et les cocktails étaient comptés 6 francs à part. Mais Lloyd George exerçait l'hospitalité d'une façon parfaite, et savait ménager sa propre bourse. M. Philip Kerr réglait toutes les traites *en grand seigneur*. Cette heureuse partie, d'où était banni le souci, prit fin le 15 lorsque le Premier Ministre partit pour Paris afin d'y assister à une réunion du Conseil suprême, spécialement convoqué ce jour-là pour entendre sa déclaration officielle concernant l'évacuation de la Syrie par la Grande-Bretagne, dont les conditions avaient été déjà réglées entre lui et Clémenceau. Ce dernier s'accordait naturellement sans conteste avec la proposition formelle de Lloyd George, mais seulement en tant qu'il était prévu pour la substitution de troupes françaises aux troupes anglaises à l'exclusion des Arabes, étant explicitement entendu que ce consentement était donné sans préjudice du règlement définitif des délimitations anglo-françaises en Syrie selon les termes du traité Sykes-Picot. Il était en outre convenu que le retrait des garnisons anglaises commencerait le 1er novembre. Durant la visite d'Allenby en France et pendant les jours précédant immédiatement la session du Conseil suprême le 15 septembre, la presse française se répandit en clameurs pour la substitution de troupes françaises aux troupes anglaises en Syrie et pour la mainmise de la France sur le pays. Les journaux déclaraient très ouvertement que tout en ayant plaisir à recevoir Allenby en France, sa visite était absolument sans raison, à moins qu'elle eût le but avoué de régler la question syrienne une fois pour toutes en faveur de la France. « Pour cela, affirmaient les journaux, l'Angleterre doit se conformer aux termes de l'accord anglo-français de 1916 en se retirant d'un coup et en cédant à la France la main mise sur la Syrie avec Damas ». Dans l'ensemble, la presse était distinctement hostile à Allenby, dont le mieux qu'elle trouvait à dire de lui était exprimé dans le *Petit Parisien*, qui le représentait comme offrant l'apparence d'un gentleman farmer !

Allenby, incorruptible, était *la bête noire* de Weizmann et de ses Juifs, mais sa loyauté indiscutable à l'égard des garanties, qu'il avait données en toute bonne foi à Feisal, faisait de lui l'obstacle aux ambitions françaises en Syrie, et était pour cette raison odieuse à Clémenceau à Georges Picot et à leurs confrères politiques enjuivés.

Pendant son séjour chez le Premier Ministre britannique à Deauville, « Allenby avait été informé de l'arrangement particulier entre Lloyd George et Clémenceau, stipulant l'occupation de la Syrie orientale par l'armée de Feisal, mais au moment de la session officielle du Conseil suprême à Paris le 15 septembre, session à laquelle il fut décidé d'écarter tout à fait les troupes arabes de la Syrie, Allenby était déjà en route pour l'Angleterre, où il ne devait être que le lendemain, mais Lloyd George était si soucieux de se débarrasser de son hôte, que plutôt que de l'avoir à Paris, il s'arrangea pour qu'Allenby partît de suite pour Boulogne, où il passa la nuit du 15 avant de s'embarquer pour Douvres le 16 à bord d'un destroyer, à 10 heures 15 du matin.

Le plan Clémenceau-George avait réussi aux dépens de l'Angleterre. La France était maintenant maîtresse de la Syrie, et l'ambition française devenait une menace pour la Palestine et l'Irak, où la position de la Grande-Bretagne était encore indécise et conséquemment sans sûreté. La prise de possession finale de Damas, après la victoire de Megiddo en septembre 1918, avait été une course anglo-arabe, non contre les troupes ottomanes détruites, mais contre la France ; une course gagnée, et plus tard perdue. L'influence subversive de la France avait poussé de plus en plus l'Angleterre dans la main des Juifs, maîtres de la France et du Conseil suprême à Versailles. Israël Blumchen expose le cas tout à fait clairement dans son : *Le Droit de la Race Supérieure*, en disant :

« *L'histoire de France contemporaine n'est autre chose que celle de la conquête de la France par Israël. Le peuple juif est maître en dernier lieu de la France, et nous autres Juifs nous régnons sur elle en vertu du droit d'une race supérieure sur une race inférieure. Du socialiste Jaurès au radical Clémenceau, il n'est pas un homme politique, gras ou maigre, qui ne soit à nos gages, et nous veillons sur eux tous grâce à leurs secrétaires juifs* ».

L'ascendant des Juifs était en connexion étroite avec la grande victoire de Rome. Le pouvoir du Vatican avait constamment grandi sur le monde, mais principalement en France sous l'égide de Foch, et était fortement stimulé par le caractère saillant que la campagne d'Allenby avait imprimé à la Terre Sainte, surtout en éclipsant la Russie orthodoxe en tant que pouvoir temporel et spirituel en Palestine, où Rome et Judas détenaient désormais la suprématie. Jamais le Pape n'eut aux yeux de ses fidèles une position plus élevée que le jour où, après la grande guerre, en réponse à l'appel d'Allenby pour une assistance, un cardinal se présenta au quartier-général à Haïfa, et rétablit immédiatement par sa présence le prestige et l'autorité chancelants du commandant en chef britannique.

※　※　※

Pendant ce temps, le second des hôtes de Lloyd George avait répondu à l'invitation d'attendre les « délibérations » de la Conférence de la, Paix. Feisal arriva à Londres le 19 septembre, quatre jours après la fatidique session à Paris du Conseil suprême, où le destin de la Syrie était définitivement scellé et à laquelle Feisal et Allenby avaient été invités à assister. L'émir était venu pour être consulté, mais se trouva à son arrivée en face d'un *fait accompli*. Le Premier Ministre le mit brièvement au gourant de ce qui s'était passé à Paris, mais en substituant mensongèrement l'accord inique conclu en particulier entre lui-même et Clémenceau par le traité conclu en fait par le Conseil à la date du 15. Même ainsi, Feisal fut saisi d'horreur, et fit des remontrances à Lloyd George, dont il flétrit comme outrageux le plan d'occupation de la Syrie occidentale par les troupes françaises, sans soupçonner combien était infiniment pire son sort selon les termes du traité conclu le 15. Au cours des jours qui suivirent, trois conférences sur la question syrienne furent tenues à Downing Street 10, entre Feisal, Lloyd George, et Lord Curzon, le Secrétaire aux Affaires étrangères : Allenby y assistait. Mais une fois de plus, les politiciens décidèrent que Feisal était plus traitable sans Allenby à son retour, et la conférence tenue le 23 septembre fut la dernière à laquelle assista le feldmaréchal, qui, le lendemain 24, quitta Londres pour l'Ecosse, où il devait passer trois jours comme hôte du roi George V, à Balmoral, avant de se rendre chez son frère, à Berwick-on-Tweed.

Pendant sa visite à Balmoral, un incident d'un intérêt considérable survint et mérite d'être rappelé ici. Un soir après le dîner, les dames s'étant retirées, il ne restait plus à la table que le roi, le duc d'York, le prince Henry, l'amiral Campbell, le colonel Clive Wigram et le capitaine R. Borthwick.

De chaque côté de Sa Majesté siégeaient le marquis de Soveral et Lord Revelstoke, tandis qu'Allenby se trouvait juste en face. La conversation avait pris depuis quelque temps un ton général, lorsque soudain le roi demanda à Allenby ce qui avait été fait concernant l'Institut allemand du Mont des Oliviers. « L'Empereur d'Allemagne lui-même a pris un vif intérêt pour le plan et la construction de l'édifice », déclara Sa Majesté, « il n'arrive pas lui-même à mettre fin à son agitation à ce sujet, et songe maintenant à le laisser aux Juifs ». Le sens de ces paroles, prononcées avec une grande chaleur, écartait absolument toute méprise, d'autant plus que le monarque, levant les yeux et agitant les mains, les avait accompagnées d'un geste éloquent de profond dégoût. Allenby, qui mettait le Judaïsme et le Bolchévisme sur le même pied, ne répliquait pas. « Permettez-vous cela l » poursuivit le roi. « Je ferai de mon mieux, Sire » dit Allenby, sachant fort bien qu'il ne ferait rien. A quoi le roi repartit vivement : « Non, non, cela ne va pas, *ils ne doivent pas* l'avoir. »

* * *

Bien qu'abandonné de tous ses soi-disant amis et partisans, Feisal adopta une attitude déterminée contre le retrait proposé des garnisons anglaises de la Syrie occidentale en faveur des troupes françaises, et adressa une protestation en règle au Premier Ministre. Il n'était, bien entendu, pas encore informé de la décision du Conseil suprême autorisant la France à occuper toute la Syrie. Il rappelait à Lloyd George qu'il avait consenti à retirer ses forces à l'intérieur seulement après avoir reçu d'Allenby la solennelle assurance que la Syrie resterait occupée par les troupes anglaises jusqu'au règlement définitif par la Conférence de la Paix. Il protestait énergiquement contre l'invasion proposée du pays par la France et contre la suggestion selon laquelle un pareil événement était la conséquence inévitable et logique du traité Sykes-Picot, une conspiration à laquelle ni lui ni les siens n'avaient eu accès et pour laquelle les Arabes avaient toujours professé une aversion profonde. Il suppliait le gouvernement britannique de faire honneur aux garanties données par lui dans la « Déclaration des Sept » du 16 juin 1918 et dans la « Déclaration anglo-française » du mois de Novembre 1918. Après avoir informé ce gouvernement de son incapacité à adhérer au projet, il le priait de convoquer une réunion de représentants de la Grande-Bretagne, de la France et des États-Unis, une vue de régler le sort des Arabes sur la base des garanties données par ces pays eux-mêmes. Sachant le cas de Feisal sans réponse possible, mais ayant lui-même déjà livré secrètement toute la Syrie à la France, le gouvernement britannique était anxieux de mettre un terme à cet échange embarrassant et maintenant tout à fait sans raison de notes diplomatiques. Laissant Feisal sous la fausse impression que sa requête était prise en considération pour une Conférence des Puissances, il le mit en communication directe avec Clémenceau, dans l'espoir qu'une entente franco-arabe le délivrerait de tout autre souci. Feisal vint donc à Paris où le Quai d'Orsay s'empara de lui sans plus tarder. Le résultat fut une conclusion négative. A une réunion avec Clémenceau le 27 novembre, Feisal consentit à ne pas faire opposition à l'occupation par les troupes françaises du Liban et des régions maritimes de la Syrie, tandis que Clémenceau pour sa part donnait la promesse solennelle que l'occupation française se limiterait à la région établie, et n'empiéterait pas sur les territoires de l'est réservés aux Arabes. Afin de rendre cette affirmation doublement sûre, et de parer à toute éventualité de conflit entre les deux armées, le Premier français alla jusqu'à délimiter la zone neutre de séparation des territoires français et arabes.

Comme tous les subterfuges du même genre, le traité était invalidé par une clause soumettant sa ratification définitive à la Conférence de la Paix. Feisal était amené à croire que ce compromis avec la France était la seule alternative pour une rupture ouverte avec l'Entente, et il se flattait cependant lui-même que c'était là simplement un arrangement provisoire que la Grande-Bretagne l'aiderait à modifier considérablement quand la question syrienne passerait pour un règlement définitif devant la Conférence de la Paix. Sans doute Feisal ignorait-il encore que cette Conférence de la Paix n'était qu'un euphémisme pour le Conseil suprême, lequel à son tour était le pseudonyme de Clémenceau et de Lloyd George. De même que Feisal était autrefois resté en Syrie dans l'attente de la Commission interalliée d'enquête, laquelle ne vint jamais, de même maintenant il végétait en Europe dans la douce croyance que le Conseil suprême se disposait à convoquer une « Conférence des Puissances », et comme il attendit en vain, il essaya de prendre contact avec les affaires du pays natal en maintenant une communication ininterrompue entre lui et son plus jeune frère Saïd, qui le remplaçait à Damas.

Les préparatifs de retrait des garnisons anglaises du Liban et des régions maritimes de la Syrie, ainsi qu'il avait été convenu entre Clémenceau et Lloyd George, commencèrent durant la première semaine de novembre, et ce retrait fut regardé par les habitants comme présageant l'occupation permanente par la France de cette partie spéciale du pays, contre laquelle, ainsi que Feisal, l'opinion publique outragée s'exprima en inaugurant un soulèvement et des désordres généraux. Une coïncidence avec le commencement de l'évacuation britannique fut la nomination du général français Gouraud comme commandant en chef en Syrie, événement bientôt suivi d'un autre de conséquence beaucoup plus grave, et dont la nomination de Gouraud n'était que le prélude.

Le matin du 26 novembre, le croiseur léger de H. M. *Ceres*, quittait le port d'Alexandrie et se dirigeait sur Beyrouth. Il avait à bord Lord Allenby, accompagné de son chef d'état-major le général Sir Louis Bols, le général de brigade Wavell (aujourd'hui lieutenant-général Sir Archibald Wavell, officier général commandant en chef dans le Moyen Orient) le capitaine R. Borthwick et l'officier de liaison français, le colonel de Méru. Allenby arriva à Beyrouth de bonne heure le lendemain matin, le 27, et fut reçu au nom du gouvernement français par le général Gouraud. Les cérémonies qui marquèrent cette réception officielle étaient dignes de l'occasion du moment, qui ouvrait un chapitre nouveau dans l'histoire de la Syrie. Après les préliminaires d'usage le cortège se rendit du quai au quartier général en traversant la ville. Là, en présence des états-majors français et anglais réunis et de représentants arabes, Allenby reconnut formellement la suprématie de la France sur toute la Syrie, et remit en même temps tous ses pouvoirs de commandant en chef civil et militaire au général Gouraud, qui les reçut au nom du gouvernement français. La cérémonie « de la main passée » fut suivie d'un lunch à la villa Sursock, résidence officielle de. : Gouraud et située hors de la ville, et le même soir, Allenby prenait place à bord du croiseur *Ceres*, faisant route vers Port Saïd. Juste au moment où il prenait congé de Gouraud et de son état-major avant de s'embarquer, un jeune officier arabe s'approcha en courant et adressa à Allenby un appel passionné. Les officiers français présents manifestèrent un embarras évident et semblaient fort ennuyés. « *Que veut ce Bédouin ?* » demanda le colonel de Méru à un officier anglais qui se trouvait à côté de lui, mais l'interprète seul avait compris l'Arabe, qui s'était promptement éclipsé, Allenby ne tint pas autrement compte de l'incident, et s'embarqua sans savoir pourquoi et par qui il avait été interpellé.

En même temps que le passage de la Syrie à la France le 27 novembre, le général Gouraud était nommé Haut

Commissaire pour tous les territoires sous mandat français.

La détermination du gouvernement britannique d'empêcher les faits relatifs à cet épisode de parvenir à la connaissance du public, est prouvée par le significatif compte rendu suivant, censuré et publié tardivement dans le « *Times* » du 2 décembre 1919 :

« Visite d'Allenby à Gouraud ».
Le Caire, 28 Novembre (retardé)
« *Lord Allenby est revenu ici aujourd'hui d'une courte visite par croiseur à Beyrouth, où il a rencontré le général Gouraud, le Haut Commissaire français pour la Syrie* ».

Le même jour 27 novembre, à Paris, à une entrevue avec Clémenceau, Feisal, qui ne savait rien de ce qui s'était passé à Beyrouth, consentait à l'occupation par les troupes françaises **du Liban et des régions maritimes de la Syrie seulement** après que Clémenceau lui avait solennellement promis que l'occupation française se limiterait au territoire stipulé et ne franchirait pas ceux de l'est réservés aux Arabes.

* * *

En Syrie, la substitution des troupes françaises aux troupes anglaises ne tarda pas à provoquer des démonstrations hostiles, des désordres généraux, une rébellion ouverte, et même des collisions entre les forces françaises et arabes. Feisal revint en hâte pour rétablir l'ordre et se procurer un mandat du Congrès National l'autorisant à poursuivre ses négociations avec le Conseil suprême à Paris. Il ignorait encore que l'occupation française, eût été officiellement et irrévocablement sanctionnée par le gouvernement britannique. Il arriva hâtivement à Beyrouth au mois de janvier 1920, et visita Damas et Alep, où il reçut de ces deux villes un accueil froid. En vain plaida-t-il sa cause en argumentant que son accord avec Clémenceau n'était pas un but. Aux yeux de ses compatriotes, Feisal avait capitulé devant la France, et bien qu'ils fussent disposés à l'accepter pour leur roi, ils étaient résolument déterminés à prendre la loi en main propre et à mettre eux-mêmes l'ordre chez eux.

Le 8 mars, le Congrès national se réunit à Damas et proclama la Syrie tout entière y compris les régions maritimes, le Liban et la Palestine comme formant un État souverain avec sa propre monarchie constitutionnelle, sous l'Emir Feisal. Mais comme la Syrie, la, Palestine et l'Irak étaient alors soumis à l'occupation franco-britannique, la résolution exprimant la volonté générale du peuple déjà en servage, ne pouvait avoir d'effet pratique. Les auteurs des déclarations anglo-française et de Balfour n'avaient jamais douté un seul instant des aspirations nationales des Arabes : la preuve en est donnée par leur hostilité implacable à toute forme de plébiscite et même à une commission impartiale d'enquête, attendu qu'ils connaissaient l'accord des vues de l'opinion publique contre eux. Si les gouvernements de la Grande-Bretagne et de la France eussent rempli leurs promesses et suivi les préceptes de leurs propres déclarations, il n'eût existé aucune occasion d'une manifestation quelconque de l'antagonisme populaire. Mais bien au contraire, en dépit de leurs solennelles assurances, en vertu des termes de l'accord entre Lloyd George et Clémenceau, ratifié par le Conseil suprême le 15 septembre et confirmé finalement à Beyrouth le 27 novembre 1919 par Allenby et Gouraud, la Grande-Bretagne reconnaissait formellement l'hégémonie française en Syrie, en retour d'une reconnaissance semblable par la France d'un protectorat britannique sur l'Irak et sur la Palestine. C'est pourquoi il était difficile d'attendre que les desseins de l'Entente sur les pays arabes fussent détournés par une résolution au Congrès National Syrien. Loin de là, la résolution prise à Damas le 8 mars par le Congrès National fut dénoncée sa validité non reconnue et un appel lancé pour une réunion du Conseil suprême, laquelle se tint à San Remo le 25 avril 1920.

Comme il n'y avait plus rien à gagner là par la dissimulation, le Conseil suprême résolut pour la première fois d'annoncer tout simplement sa décision de séparer les provinces arabes de l'ancien Empire Ottoman, d'accord avec les dispositifs du traité Sykes-Picot. La Syrie et le Liban seraient réunis sous un simple mandat attribué à la France, tandis que la Grande-Bretagne recevrait deux mandats, un pour l'Irak, et l'autre pour la Palestine, les termes de ce dernier obligeant le mandataire à donner une force plus grande aux arrêts de la déclaration de Balfour. S'il survivait encore chez les Arabes quelque reste de foi dans l'intégrité de la diplomatie de l'Occident, cette trompeuse illusion reçut un coup mortel quand, le 5 mai 1920, fut promulgué le jugement prononcé à San Remo. Les Arabes eurent au moins l'idée qu'ils avaient été trahis. Par leurs décisions à San Remo, les alliés avaient ouvertement proclamé leur intention de rompre délibérément leurs garanties, de répudier leurs obligations, et de violer les principes fondamentaux de la justice. A partir de ce moment, il ne pouvait plus exister de relations amicales ou même pacifiques entre les auteurs et les victimes de la trahison.

Le mandat autorisait la France à traiter officiellement d'une façon sommaire avec Feisal. Celui-ci, plutôt que de céder aux clameurs de ses partisans qui demandaient une guerre contre la France, préféra retourner en Europe dans l'espoir de se faire entendre devant un tribunal anglo-français. Mais il fut promptement coupé court à son projet de voyage par un ultimatum du général Gouraud en date du 14 juillet, ultimatum par lequel il lui était enjoint de satisfaire dans les quatre jours aux stipulations suivantes :

1. Soumission au contrôle militaire français du principal chemin de fer stratégique, comportant automatiquement la présence de troupes françaises dans toutes les villes situées sur cette ligne ferrée, y compris Damas, Homs, Hama et Alep.
2. Abolition de la conscription et réduction de l'armée permanente.
3. Reconnaissance absolue du mandat français.
4. Adoption du système monétaire imposé par l'administration française, et châtiment de quiconque serait impliqué dans des actes d'hostilités contre la France.

Comme la France n'était dans aucun cas à même d'élargir la sphère de son occupation militaire, en annexant le reste de la Syrie, l'ultimatum de Gouraud était tout simplement un jet de fumée tactique. A la consternation de ses partisans, Feisal accepta l'ultimatum tel quel et sans condition. Devant la détermination visible de Gouraud, Feisal se convainquit que tout rejet des termes de l'ultimatum ne ferait simplement que servir de prétexte à l'occupation de Damas par les troupes françaises, et que le meilleur plan à adopter était de céder à la *force majeure*, et de recourir immédiatement à Londres, où il espérait faire entendre sa voix en toute loyauté et impartialité. Ses illusions à l'égard de la droiture fondamentale des hommes d'État britanniques, bien que grandement atténuées, étaient encore suffisantes pour influencer sa politique toujours inclinée davantage au pacifisme par un télégramme de Lord Curzon le priant d'éviter à tout prix des hostilités.

Ayant accepté formellement l'ultimatum de Gouraud, Feisal s'occupa sans retard d'en remplir les conditions. Il avait déjà démobilisé la plus grande partie des forces de la garnison de Damas quand les colonnes françaises commencèrent à converger vers la ville. A la première nouvelle de la menace de la capitale, la population tout entière se souleva pour la défendre. Son action était complètement spontanée et en contrevention avec les ordres de Feisal, dont la ferme détermination de se conformer strictement aux conditions qu'il avait acceptées, est démontrée par les mesures auxquelles il recourut pour rétablir l'ordre, lesquelles coûtèrent la vie à plus de cent de ses partisans, abattus dans les rues de la ville par sa propre police. Un plus grand nombre périt dans d'héroïques, efforts pour arrêter les envahisseurs, dont l'armement et la force supérieurs vinrent d'ailleurs promptement à bout de toute résistance, et le 24 juillet, 10 jours seulement après la remise de l'ultimatum de Gouraud, les colonnes françaises firent leur entrée à Damas.

La capitale de Feisal était prise à la suite d'un plan concerté, conçu et exécuté par la Grande-Bretagne et par la France en étroite coopération. Le premier acte officiel de Gouraud en prenant possession de Damas fut l'ordre intimé à Feisal de quitter le pays, de sorte que le loyal allié de l'Angleterre fut banni en Italie, où il demeura exilé jusqu'à l'appel à Londres du gouvernement britannique, qui espérait devenir maître de l'hostilité des Arabes de l'Irak à la domination anglaise, en, érigeant le Protectorat en royaume avec l'Emir Feisal ; pour premier souverain.

D'après une information de l'agence officieuse allemande, l'Emir Feisal fut, sous les ordres de l'Intelligence Service, empoisonné « d'un mauvais café » lors d'un séjour à Zurich, en 1933. (Note des Editeurs)

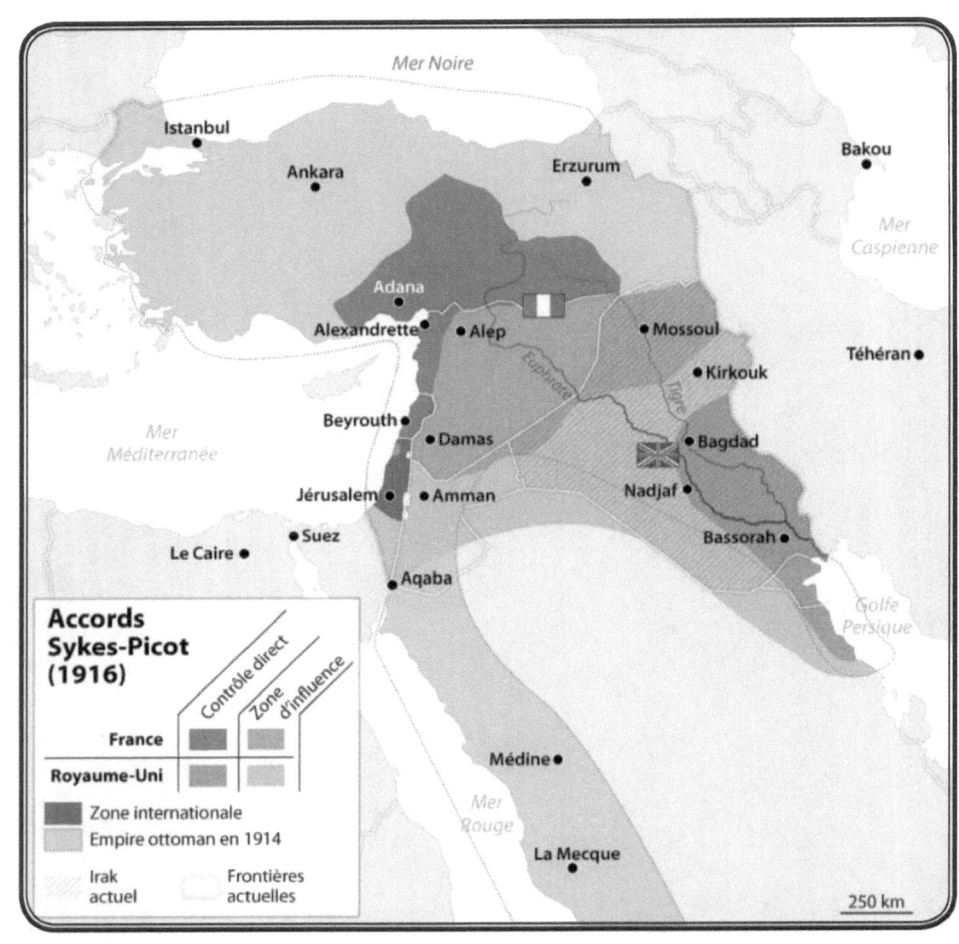

Carte des accords franco-britanniques de Sykes-Picot sur les frontières du Porche-Orient en 1916.

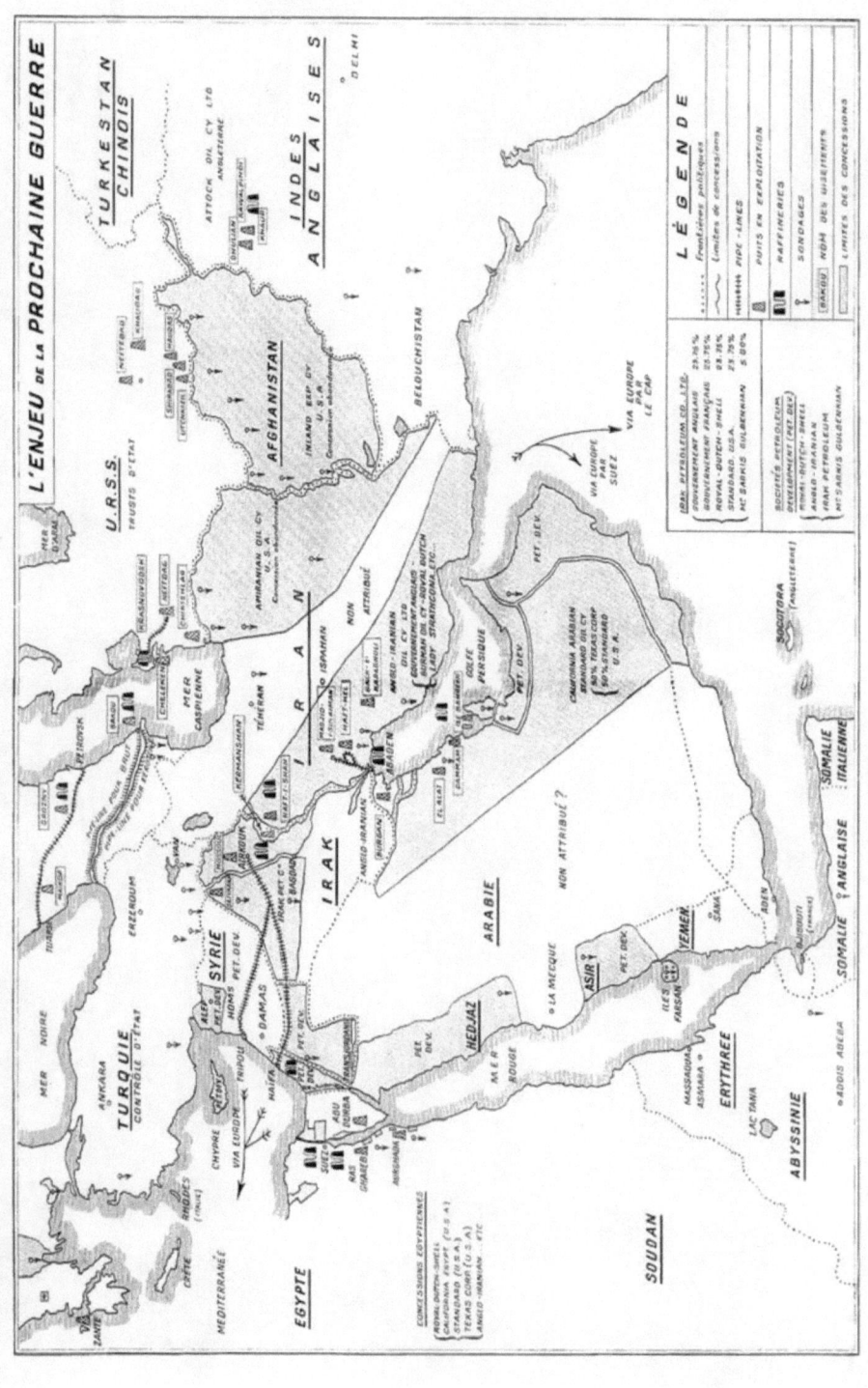

Carte extraite de la revue "Le Crapouillot" - Juillet 1939

- the-savoisien.com
- pdfarchive.info
- vivaeuropa.info
- freepdf.info
- aryanalibris.com
- aldebaranvideo.tv
- histoireebook.com
- balderexlibris.com

www.ingramcontent.com/pod-product-compliance
Lightning Source LLC
LaVergne TN
LVHW091539060526
838200LV00036B/668